U0084969

序 言

　　指定科目考試歷史科已有十年的歷史，歷史除了記憶史實，理解其意義，應進而具備通過研讀「材料」、認識與理解歷史的能力，並對培養「史料、圖表與圖像」等材料的認識與分析能力。若要瞭解指考歷史考試趨勢，必定要**熟悉歷屆指考題型**，探尋命題軌跡，以收事半功倍之效。依據大考中心命題原則，歷史科的測驗目標為：基礎知識、史料分析、研究方法和歷史解釋等四大主題。儘管每年考題重點不盡相同，但經過十年的累積，複習每年不同的考題重點，便可全力以赴指考歷史。

　　本書彙集 91～100 年指定科目考試歷史科試題與詳解，彙編成「**歷屆指考歷史科試題詳解**」。每份試題都極具代表性，命題教授出題的目的在於，測驗考生是否瞭解歷史考科的基本知識，及研讀史料及其時代背景的意義，並運用史料來進行邏輯推理的能力。

　　本書編校製作過程嚴謹，但仍恐有缺失處，尚祈各界先進不吝來函指正為荷。

編者 謹識

CONTENTS

100 年大學入學指定科目考試試題
歷史考科

第壹部分：選擇題（佔 80 分）

一、單選題（62 分）

說明：第 1 題至第 31 題，每題 4 個選項，其中只有 1 個是最適當的
選項，畫記在答案卡之「選擇題答案區」。各題答對得 2 分，
未作答、答錯、或畫記多於 1 個選項者，該題以零分計算。

1. 二二八事件之後，國民政府派國防部長來臺處理善後事宜，宣布
多項措施以挽回民心，下列何者為其重要措施之一？
   (A) 為儘早回歸政治常態，將長官公署制改為省政府制
   (B) 為消弭民怨，取消菸酒專賣制度，民間可自由買賣
   (C) 實施民主，縣市長改為民選，並隨即舉行地方選舉
   (D) 為落實言論自由，准許民眾組黨及創辦報刊、雜誌

2. 1950 年，一位美國總統在國會報告最新的東亞情勢說：「共產
主義者在韓國所作所為，就如希特勒、墨索里尼和日本在 10 年、
15 年和 20 年前所做的一樣。我敢肯定，假如讓南韓淪陷，共產
黨的領袖便會變本加厲，進而攻擊我們鄰近的國家。」這位總統
在演講之後隨即採了哪一種亞洲政策？
   (A) 視共產中國為大國而採取強硬的圍堵政策
   (B) 不待聯合國的安理會表決即斷然出兵南韓
   (C) 援助並借重臺灣國民黨軍隊協助南韓反攻
   (D) 為避免骨牌效應而開始軍援南越對抗共黨

3. 兩漢期間山東的鄒、魯兩地流行一句俗諺：「遺子黃金滿籯，不如一經。」這裡的「經」指的是哪一類圖書文獻？
   (A) 醫卜曆算　　(B) 讖緯圖錄　　(C) 諸子百家　　(D) 詩書易禮

4. 某位詩人感嘆：「奴隸生涯抱恨多，橫暴蠻威奈若何」，希望同胞不要做「賤民」，想號召「六百萬民齊崛起，誓將熱血為義死」，以期「同心來復舊山河」。這位詩人感嘆的背景為何？
   (A) 荷蘭統治臺灣時期，漢人對荷蘭苛政不滿
   (B) 鄭成功欲將臺灣作為「反清復明」的基地
   (C) 康熙時因政府高壓手段而引發朱一貴事件
   (D) 日本治臺時期，臺人不滿日本的差別待遇

5. 西印度群島和中南美洲是最早淪為西班牙殖民地的地方，當地的印地安人也首先成為被奴役殘殺的對象，但是到了 19 世紀上半葉，有些拉丁美洲國家已能擺脫西班牙統治而獲得獨立，其主要原因為何？
   (A) 中南美洲的國家推行工業化之後國力隨之大增
   (B) 西班牙與英國因海戰失利無暇顧及海外殖民地
   (C) 美國發表門羅宣言後歐洲國家不再聲援西班牙
   (D) 美西戰爭瓦解了西班牙在中南美洲的殖民勢力

6. 某地，地主將耕地劃分為三大區塊，或春耕，或秋耕，或休耕；為了恢復地力，休耕的土地種植豆科植物等綠肥。農家使用地主提供的農具與牲口，共同耕作。村莊另有許多共同的設施，如馬廄、作坊、烤坊、牧場、林地及宗教場所。這種生活方式最可能出現在何時何地？
   (A) 四世紀的埃及　　　　　　(B) 七世紀的希臘
   (C) 十三世紀法蘭西　　　　　(D) 十五世紀的華北

7. 一本新出版的書介紹當時歐洲各國的政治與體制，書中指出：俄
羅斯、法蘭西、普魯士等國盛行君主專制；荷蘭及西班牙已無法
維持海上霸權；而英國因開風氣之先，實施君主立憲制度，君主
與國會共治，國勢蒸蒸日上。這本書出版於何時？
(A) 十六世紀初　　　　　(B) 十八世紀末
(C) 十九世紀末　　　　　(D) 二十世紀

8. 韓愈的〈師說〉一文指出：「師者，所以傳道、授業、解惑也」，
強調學習過程中老師扮演重要角色。但文中也反映了唐代以來，
學子學習過程中不重師道的現象。這種現象與下列何者關係最為
密切？
(A) 唐行科舉，以文取士，強調創作，不再依賴經師傳授
(B) 隋唐帝國雜染胡人風俗，不重視學術，師道因之不彰
(C) 佛學傳入中國，主張眾生平等，學生因而不重視師道
(D) 唐代經濟繁榮，人們多追逐利益，師道尊嚴因而不顯

9. 1840 年代末期，荷蘭某學院圖書館發現了《福爾摩沙語彙》
（Woordenlijst der Formosaansche taal）一書。這是 17 世紀荷蘭
來臺傳教士使用的語言用書，他們用這種語言來從事教育、宣道
和主持禮拜。此「福爾摩沙語」是指：
(A) 古荷蘭語　　　　　(B) 閩南方言
(C) 北京官話　　　　　(D) 西拉雅語

10. 十八世紀末漳州人林某欲前往臺灣謀生時，四處打聽臺灣情況，
但說法不一，下列何種說法較符合當時實情？
(A) 荷蘭商人在鹿港設立許多商行，經營鹿皮生意，需要人工，
就業容易

(B) 臺南安平一帶有許多西方傳教士及外商，商業活絡，但民教衝突頻傳

(C) 朝廷正式在臺北設府，計畫開發瑠公圳，農業前景可期，有發展潛力

(D) 漳州人吳沙召募大量同鄉，前往噶瑪蘭地區開墾荒地，較有謀生機會

11. 有位外交官參加一次國際和會，原本期望大會能對戰費、領土等議題作出公正明智的處置，但會中的決議卻令他失望。他表示：許多代表運用詭辯來掩飾他們的報復行為；強索巨額賠款；又屈從於強權，不能公正處理領土問題。這位外交官批評的是：
(A) 維也納會議中，戰勝國對拿破崙的安排
(B) 凡爾賽和約中，協約國對同盟國的處置
(C) 慕尼黑會議期間，希特勒對捷克的脅迫
(D) 九一八事變後，國際聯盟對事件的處理

12. 近代以前，一國政府為打擊敵人，往往發給船主特許狀，鼓勵本國商船掠奪敵方船隻，攻擊敵方港口。英格蘭女王伊莉莎白一世便曾經同意英格蘭海船掠奪加勒比海和中南美洲沿岸城市，引起敵方報復，發生激戰。英格蘭船隻攻擊的主要對象是哪個國家？
(A) 西班牙　　　(B) 法蘭西　　　(C) 俄羅斯　　　(D) 荷蘭

13. 清代中期，臺灣漢人為獲得某種經濟利益，必須深入山區，經常引發與原住民的衝突。此種經濟利益主要是指：
(A) 煤礦，漢人採煤經常破壞風水，侵擾原住民的祖靈
(B) 樟腦，漢人入山砍伐樟木，破壞原住民的居住環境
(C) 茶葉，種植茶樹的緯度愈來愈高，引起原住民不滿
(D) 稻米，水稻需大量用水，漢人入山引水，引發衝突

14. 民國 16 年（1927），時任南京國民政府代理主席並主持國民黨
　　中央黨部的胡漢民曾說：「倘若中央黨部和國民政府沒有在南京
　　行使職權，從 4 月起大家就要完全受共產黨的支配，可以說不但
　　大江南北的各省不得了，就連珠江流域也通通要受兩湖以往所受
　　的赤禍了。」胡漢民所說的「行使職權」是指什麼？
　　(A) 搜查俄國使館，驅逐俄國顧問
　　(B) 發動剿共戰爭，迫使共黨逃亡
　　(C) 揭發共黨陰謀，進行清黨運動
　　(D) 繼續二次北伐，完成全國統一

15. 一位皇帝登基後，立志恢復古羅馬帝國的版圖，他先派軍征服北
　　非，再回師進攻義大利，經過長久的戰爭，幾乎收復西南歐地區。
　　但因軍費支出龐大，難以維持，所以這位皇帝去世後，新征服的
　　土地又落入日耳曼人之手。這位皇帝是：
　　(A) 屋大維　　　　　　　(B) 查理曼
　　(C) 查士丁尼　　　　　　(D) 墨索里尼

16. 資料一：「文獻記載中國官方與臺灣住民的接觸，可以追溯到三
　　　　　　國或隋代，臺灣與大陸有著極其密切的歷史關係，臺灣
　　　　　　自古以來就是中國的領土，居住在臺灣的高山族是祖國
　　　　　　民族大家庭的成員。」

　　資料二：「在歷史時代，文獻記載中國官方與臺灣住民的接觸，
　　　　　　最早的可能可追溯到三國時代，或在隋代。假設文獻記
　　　　　　載的島嶼的確指臺灣，這類的接觸也是偶發的、不連續
　　　　　　的，數百年難得發生一次，在本質上不是隸屬的關係。
　　　　　　我們甚且可以說，正由於有這類的記載，我們可以確定
　　　　　　臺灣不是『自古即為中國領土』。」

我們應該如何理解這兩段文字？

(A) 資料一為歷史事實，資料二則是歷史解釋

(B) 資料一為歷史解釋，資料二則是歷史事實

(C) 學者引用相同史料，可能獲得不同的結論

(D) 兩者引用相同史料，結論不同，當有一誤

17. 一位住在上海的西方傳教士寫信給教廷，報告在華工作內容。他提到：最近中國與日本發生衝突，戰事發生之前，上海的外文報紙都認為中國一定能夠打敗日本，沒想到日軍卻打了勝仗。這場戰爭是：

(A) 甲午戰爭　　　　　(B) 瀋陽事變

(C) 淞滬之役　　　　　(D) 七七事變

18. 法、俄兩國宗教信仰不同，政治主張不同，拿破崙戰爭時期，法國甚至入侵俄國。到了十九世紀末，兩國卻締結了同盟。他們合作的原因為何？

(A) 工業革命後，英國勢力擴張，法俄聯合抵制

(B) 德意志統一，破壞原有均勢，法俄合作抗衡

(C) 義大利統一，影響法俄兩國在地中海的利益

(D) 土耳其復興，危及法俄兩國在巴爾幹的優勢

19. 學校牆上掛著一幅書法作品，寫著「為天地立心，為生民立命，為往聖繼絕學，為萬世開太平。」老師說：這幾句話的內容反映了宋代學者的抱負。老師判斷的依據最主要是：

(A) 為天地立心，說明宋代學者以人為主體解釋天理

(B) 為生民立命，說明宋代庶民崛起，受到政府重視

(C) 為往聖繼絕學，說明宋代印刷術發達，書籍流通

(D) 為萬世開太平，說明澶淵之盟後，宋遼關係穩定

20. 圖 (一) 是臺灣某一事項統計的變遷示意圖，這個統計的內容是：

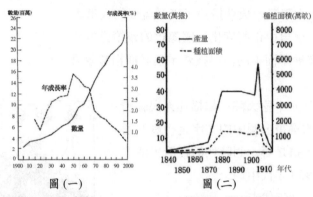

圖 (一)　　　　　　　圖 (二)

(A) 軍費，單位臺幣　　(B) 外匯，單位美元

(C) 人口，單位為人　　(D) 電話，單位為具

21. 圖 (二) 是近代中國某一經濟作物的生產統計示意圖，該經濟作物
是指下列哪一項？

(A) 菸草　　　(B) 甘蔗　　　(C) 罌粟　　　(D) 棉花

22. 司馬談嘗論諸子百家，認為諸子百家學說雖然不同，但「天下一
致而百慮，同歸而殊途」，其所謂「一致」、「同歸」，所指為
何？

(A) 治國安邦方案　　　(B) 天人合一思想

(C) 追求國富兵強　　　(D) 具大一統觀念

23. 表 (一) 是臺灣 1960 至 1970 年間，各項產業佔國內生產淨值的比
重表，表中的數字變化，說明了臺灣經濟發展的哪一項事實？

表(一)　　　　　單位：%

年度	農業	工業	服務業	合計
1960	28.5	26.9	44.6	100
1965	23.6	30.2	46.2	100
1970	15.5	36.8	47.7	100

(A) 朝野運用外資發展加工出口業已明顯見效

(B) 十大建設已成功扮演了工業發展的火車頭

(C) 經濟自由化制度化和國際化的政策已奏效

(D) 發展小而美的高科技產業已發揮相當效果

24. 圖 (三) 是中國大陸一幅描述人民經濟生活的漫畫，圖中的文字是「歡迎選購」，這是哪一個時代的經濟生活？

圖 (三)

(A) 1950 年代中

(B) 1960 年代末

(C) 1970 年代初

(D) 1980 年代初

25. 相較於基督教與佛教，儒家在中國既無教堂也無廟宇，但兩千年來，其學說不僅居中國學術思想的正統地位，而且深入基層，成為維繫世道人心的社會規範，其主要原因為何？

(A) 儒家的經典，是歷代教育及選任人才的重要依據

(B) 全國各地普設孔廟，並由官方定期舉辦祭孔典禮

(C) 儒家思想集諸子百家大成，深獲帝王愛好與提倡

(D) 通俗戲劇小說，將儒家忠孝節義觀念普及於庶民

26. 二十世紀「六〇」年代是個激情和叛逆的年代，其時間大約是指 1963 至 1973 年之間。這與我們通常將 1961 年到 1970 這十年視為「六〇年代」的作法不同，我們如何正確理解這種分期方法？

(A) 世界各國有關歷史的分期都有公認的標準，不可任意調整

(B) 各國分期方法不同，雖求同存異而年代終始計算仍有歧異

(C) 史家因主題而設定分期標準，故各種分期都有其學理根據

(D) 20 世紀各國曆法尚未統一，史家採用不同計年而出現差異

27. 一位近代地理學家在綜論四川人口地理結構時說：「雖然清代以前的本地人後裔還能在西南及西部少數地方找到，但相對來說數量很少。四川東部、西部和南部以湖廣籍爲主，河南、安徽和江蘇籍，主要在南部各縣，相當多的陝西、甘肅籍在北部和西部某些縣份，廣東、福建、江蘇和浙江籍則主要住在成都和重慶等大城市。」這種人口地理結構的形成，主要的因素是：
    (A) 從順治到道光年間，各省過剩人口不斷移入四川
    (B) 太平天國之亂時，江南各省難民紛紛避亂到四川
    (C) 國軍剿共期間，各地的農民隨紅軍長征播遷四川
    (D) 八年抗戰期間，淪陷區的各省軍民大量湧入四川

28. 唐初佛教宗派林立，教義殊方，受中國影響的韓國、日本亦同。其後中國與日本、韓國的佛教各宗派漸至消沉，應時而興的是禪宗和淨土宗。這種現象反映了東亞佛教信仰變遷的哪一種特徵？
    (A) 佛教思想漸統於一尊
    (B) 由形而上走向世俗化
    (C) 儒釋道三教漸趨融合
    (D) 統一政權的思想控制

29. 曾國荃曾奏稱：「近年以來，印度、日本產茶日旺，售價較輕，西商皆爭購洋茶，以致華商連連折損。據皖南茶商估計，光緒十一、十二兩年，虧本自三四成至五六成不等；十三年虧損尤甚，統計虧銀將及百萬兩，不獨商販受累，即皖南山戶茶農亦因之交困。」造成上述情況的主要原因爲何？
    (A) 外商在中國口岸設加工廠
    (B) 中國未納入世界經濟體系
    (C) 外人長期掌控海關稅務司
    (D) 列強商業資本主義的擴張

30. 某學者讚揚歷史上的一項技術，認為該技術的出現，推動了西方的文藝復興運動、啟蒙運動等歷史發展，稱得上是重大的「革命」。這位學者讚揚的是哪一項技術？
    (A) 煉金術　　(B) 觀星術　　(C) 航海技術　　(D) 活字版印刷

31. 表 (二) 是 1500～1800 年間四個地區的一項統計，這個統計的項目最可能是：
    (A) 紡織品生產總值
    (B) 白銀的貯存總量
    (C) 罌粟的產量統計
    (D) 穀類作物生產量

    表 (二)

年代	1500	1600	1700	1800
歐洲	68	83	106	173
中國	100	150	150	315
印度	79	100	200	190
非洲	85	95	100	100

二、多選題（6分）

說明：第 32 題至第 34 題，每題有 5 個選項，其中至少有 1 個是正確的選項，選出正確選項畫記在答案卡之「選擇題答案區」。各題之選項獨立判定，所有選項均答對者，得 2 分；答錯 1 個選項者，得 1.2 分，答錯 2 個選項者，得 0.4 分，所有選項均未作答或答錯多於 2 個選項者，該題以零分計算。

32. 臺灣在威權統治時期，政府對社會各層面都扮演領導和監督的角色。但威權統治並非密不透風，其間也有幾項有利於民主轉型的因素。這些有利的因素包括哪幾項？
    (A) 定期舉行的選舉制度，使政治上的反對勢力有發展的空間
    (B) 出版講學等文化政策開放，有效潛移默化國民的民主意識
    (C) 中產階級和資本家隨經濟發展崛起，為政治轉型提供活力
    (D) 外省人長期掌權，反使省籍問題成為民主運動的動員基礎
    (E) 推動多元平等的社會政策，使族群關係得以長期維持和諧

33. 民國八十年，政府順應學運訴求，終止「動員戡亂時期」，並廢止「動員戡亂時期臨時條款」，此舉對臺灣民主政治的發展，帶來哪些突破性的進展？
    (A) 總統的權力和任期受到憲法約束
    (B) 依法定期舉辦正、副總統的選舉
    (C) 依法定期舉辦中央民意代表選舉
    (D) 依法定期舉辦地方行政首長選舉
    (E) 依法定期舉辦地方民意代表選舉

34. 1971 年，日本政府發表的《經濟白皮書》中，難掩得意的表示：「回首往事，風雨 25 年，完成戰後復興的日本經濟，在技術革新和振興出口兩隻車輪驅動下，正朝著先進國的道路邁進。」但中外許多學者認為，在戰後「風雨 25 年」中，日本經濟的機遇與挑戰並存，且機遇大於挑戰。從戰後的國際情勢來看，學者所謂的「機遇」應該是指：
    (A) 在美蘇對立加劇下，美國急需日本產業技術協助重建歐洲
    (B) 在中韓相繼赤化下，反共陣營的日本倖免戰後的賠償責任
    (C) 在兩大陣營對抗下，美國扶植日本為對抗共產勢力的盟友
    (D) 在國際冷戰氛圍下，日本幸運成為馬歇爾計畫的援助國家
    (E) 在共產勢力擴張下，韓戰越戰的軍需景氣強化了日本出口

三、題組題（12 分）

說明：第 35 題至第 40 題為題組題，每題 4 個選項，其中只有 1 個是最適當的選項，畫記在答案卡之「選擇題答案區」。各題答對得 2 分，未作答、答錯、或畫記多於 1 個選項者，該題以零分計算。

第 35-36 題為題組

最近花蓮縣吉安鄉一尊供奉在市場邊的土地公，罕見的由縣長冊封晉升城隍爺，引發道教界對相關教義理論與信仰習俗的熱烈討論。

35. 根據道教的信仰傳統，城隍與土地公位階不同、職司有別。城隍被視為玉皇大帝管理下界蒼生的代表，祂有哪一項土地公所沒有的職權？
    (A) 安胎順產　　　　　　　(B) 貧富貴賤
    (C) 陰間審判　　　　　　　(D) 消災解厄

36. 就道教的發展而言，自元明清以降，造成道教日益世俗化，並且成為中國、臺灣等地華人社會俗文化重要內涵的主要理論與實踐方法是什麼？
    (A) 鬼神信仰、儀式法術的社會活動
    (B) 自然恬淡、少私寡欲的生活哲學
    (C) 清淨虛明、無思無慮的靈修方法
    (D) 神清氣朗、健康長壽的醫療養生

第 37-38 題為題組

有三個人針對中國教育史上的書院，分別發表評論。甲：書院教學，師徒極重視啟發的思考方式。乙：書院的主要工作有三：藏書、供祀、教學。丙：書院所在多位於風景秀麗之地。

37. 綜合三人的評論，可知影響書院興起的主要因素是：
    (A) 清談玄風　　　　　　　(B) 禪林風尚
    (C) 官學沒落　　　　　　　(D) 科舉取士

38. 某書院講堂上,師徒們針對宇宙人生的道理展開了熱烈的討論。
最後,師徒們獲得的結論是:「我們雖然身在宇宙之中,但宇宙
之理卻存在於我們的心中。」這些師徒們的結論最接近哪個時代
的思潮?
(A) 兩漢經學　　　　　　　(B) 隋唐佛學
(C) 宋明理學　　　　　　　(D) 清代樸學

第 39-40 題為題組

臺灣某家跨國企業的專業經理人,在一場「二十一世紀企業大趨
勢」的專題演講中強調:現代企業除了具備靈活細膩的經營手
法,還必須善盡社會責任才能永續發展。21 世紀的企業經營,不
能只知利益而輕忽道義,只重眼前而不計後果,一味競爭而忽略
合作,尤不可缺少關懷與尊重的世界一家觀念,才能營造圓融和
諧且富創造力的未來世界。

39. 這家跨國企業在各國推出的商品廣告,表達了該企業瞭解世界各
地不同的經驗與價值:同一產品,在 A 地是豪邁瀟灑的代表,在
B 地是幸福美滿象徵,在 C 地則是環保節能的模範生。這家跨國
企業廣告所傳達的經營理念為何?
(A) 消弭階級與貧富差距　　(B) 重視公平性與安全性
(C) 結合全球化與在地化　　(D) 平衡單邊與多邊主義

40. 這家跨國企業,為了避免剝削產業勞工的利益,通常會以合理的
價格自國內外採購商品,然後在旗下各大百貨超市中,以適當而
穩定的價位陳列販售。這種行銷的手法落實了哪一種經營理念?
(A) 公有共享　　　　　　　(B) 社會救助
(C) 社會公平　　　　　　　(D) 社會福利

第貳部分：非選擇題（佔 20 分）

說明：本大題共有四題，<u>作答都要用筆尖較粗之黑色墨水的筆書寫</u>。
各題應在「答案卷」所標示題號（一、二、三、四）之區域
內作答，並標明子題號（1、2、…）。請依子題號作答，未
標明題號或答錯題號者均不計分。每題配分標於題末。

一、 一位日本將領自我辯護說：「我們就像一大群人擠在一間狹小的
房間內，只有三扇門供我們逃出去，也就是說移居外地、打入世
界市場和領土擴張。第一扇門，移居外地，已經被其他反對日本
移民的國家堵死了。第二扇門，打入世界市場，又已被關稅壁壘
關上了。三扇門關上了兩扇，日本該怎麼辦？很自然，日本只有
從剩下的一扇門奪門而出了。」請問：

1. 這位將領最可能是為日本的哪一次擴張行動辯護？（2分）

2. 這位將領說日本的第二扇門也被關上了，導致此事發生的原
因為何？（2分）

二、 歌劇大師普契尼（Giacomo Puccini）創作的著名歌劇《杜蘭朵
公主（Turandot）》，是描述中國宮廷公主選婿的故事。全劇是
以流傳歐洲已兩百餘年的〈茉莉花〉旋律為經，中國民間故事為
緯的結構建立起來的。據學者考證，〈茉莉花〉傳入歐洲，最可
靠的紀錄，可追溯到乾隆 58 年隨英使馬戛爾尼來華的日耳曼籍
教師惠納（J. C. Huttner），惠納將當時收集到的〈茉莉花〉等
十首中國民歌傳入歐洲，一時轟動藝文界，並迅速傳播各地。

1. 上文中的〈茉莉花〉，能在兩百多年前的歐洲大受歡迎的原
因為何？（2分）

2. 文中的英使馬戛爾尼來華，除為了解並收集中國的民情風俗
資料外，主要目的為何？（2分）

三、美國波士頓猶太人屠殺紀念碑上，銘刻著一位新教牧師馬丁尼莫拉（Martin Niemoller）所作的短詩：「在德國，起初他們追殺共產主義者，我沒有說話，因為我不是共產主義者；接著他們追殺猶太人，我沒有說話，因為我不是猶太人；後來他們追殺工會成員，我沒有說話，因為我不是工會成員；此後，他們追殺天主教徒，我沒有說話，因為我是新教教徒；最後他們矛頭指向我，卻再也沒有人站起來為我說話了。」請問：

1. 短詩中的情境大約發生在哪個時期（年代）中？（2分）

2. 短詩中的情景，反映了作者當時正處在哪一種政治思想與行動的恐怖氣氛中？（2分）

3. 作者在詩中深切反省的是「壞人所以得逞，就是因為好人袖手旁觀！」以此推論，當時美國也曾對歐、亞侵略國家袖手旁觀，造成侵略氣焰高漲，世局更加動盪，美國的袖手旁觀主要是受哪一種思想影響？（2分）

4. 直到哪一事件爆發，才促使美國不再袖手旁觀，並且積極參與對抗侵略者，成為克敵制勝的關鍵力量？（2分）

四、「歐洲從某一時代開始，不同國家的知識份子，都可以共同享有一些超越國界的文化和思想，形成一種『知識的國度』。在這個國度中，任何人不論出身背景，只要知識水準夠，都可以平起平坐的互相討論。即使路途遙遠不便參加討論，也可以藉簡訊的流通來保持聯絡。」請問：

1. 文中「知識的國度」大約形成於哪個時代？（2分）

2. 文中的「知識份子」經常在什麼地方聚會討論？（2分）

100年度指定科目考試歷史科試題詳解

第壹部分：選擇題

一、單選題

1. **A**

　　【解析】 (B) 縮小公營事業範圍：擴大私人經濟活動空間，將專賣局改制爲菸酒公賣局，開放樟腦、火柴業民營。

　　　　　　(C) 39 年縣（省轄市）、鎮鄉行政首長以及民意代表才直選。

　　　　　　(D) 民國 76 年結束戒嚴，才准許民衆組黨及創辦報刊、雜誌。

2. **A**

　　【解析】 (A) 39 年韓戰爆發，美國出兵並派第七艦隊協防台灣，且提供軍經援助，是一種圍堵政策。

　　　　　　(B) 韓戰是聯合國的安理會首度表決通過動武案出兵到南韓；1950 年 6 月 25 日凌晨，韓戰爆發，6 月 25 日安理會 82 號決議「要求立刻停止敵對行動」，6 月 25 日晚美國總統杜魯門授權在朝鮮半島北緯 38 度以南地區使用美海空部隊攻擊朝軍，7 月 7 日安理會通過第 84 號決議，「建議…會員國將此項部隊及其他援助置於美國主持之聯合司令部指揮之下」，「請美國指派此項部隊之司令」，「授權聯合司令部斟酌情形於對北韓軍隊作戰時將聯合國旗幟與各參戰國旗幟同時使用」。

(C) 美國未借重臺灣國民黨軍隊協助南韓反攻。

(D) 美國為阻止赤禍蔓延，在 1961 年派兵參加越南的
剿共戰爭。

3. **D**

【解析】 (D) 漢武帝「罷黜百家，獨尊儒術」是用利祿獎勵儒學，
學子須讀詩、書、易、禮儒家之書，即有機會任官，
故有「遺子黃金滿籝，不如一經」的俗諺。

4. **D**

【解析】 (D) 日本治臺時期，台灣人口約六百多萬，號召「六百
萬民齊崛起，誓將熱血為義死」，即指日本治臺時
期，臺人不滿日本的差別待遇；「六百萬民齊崛起，
誓將熱血為義死」出自吳濁流《亞細亞的孤兒》。

(A) 荷蘭統治臺灣時期，漢人約幾萬人。

(B) 鄭成功時期，漢人約幾十萬人。

(C) 康熙時，漢人約幾萬人。

5. **C**

【解析】 (C) 1823 年美國門羅總統發表門羅宣言（The Monroe
Doctrine）；美國不願意干涉歐洲事務，也希望歐洲
國家不要干涉美洲事務，如果歐洲各國要將專制推
展到美洲來，美國將以武力抵抗，後歐洲國家不再
聲援西班牙。

(A) 19 世紀上半葉中南美洲國家未推行工業化。

(B) 十六世紀西班牙與英國海戰失利，不是 19 世紀。

(D) 美西戰爭在 1898 年。

6. **C**

　【解析】(C) 中古（五—十四世紀）西歐莊園的耕作探取「三田制」(three-field system)，把耕地分為春耕地、秋耕地、休耕地三種，實施輪耕以保持地力。

　　　　　(B) 七世紀的希臘屬於東羅馬帝國。

7. **B**

　【解析】(B) 十七世紀歐洲盛行君主專制政治，如俄羅斯、法蘭西、普魯士等國，光榮革命（1688 年）後的英國實行君主立憲，君主與國會共治，這本書出版於十七世紀後的 (B)。

8. **A**

　【解析】(A) 韓愈師說中有一段「愛其子，擇師而教之，於其身也，則恥師焉，惑矣！彼童子之師，授之書而習其句讀者，非吾所謂傳其道、解其惑者也。句讀之不知，惑之不解，或師焉，或不焉，小學而大遺，吾未見其明也」，反映唐代學子學習過程中不重師道的現象，主因是唐行科舉重視進士科不重明經，有「三十老明經，五十少進士」，進士科以文取士，強調創作，不再依賴經師傳授。

　　　　　(B) 隋唐帝國雜染胡人風俗，並沒有不重視學術，相反的唐代是中國文學史上的黃金時代。

　　　　　(C) 佛學傳入中國，主張眾生平等，指眾生皆可成佛，並非學生因而不重視師道。

　　　　　(D) 唐代經濟繁榮，但在傳統「士農工商」的等級下，商人地位不高，學子學習過程中不重師道無關。

9. **D**

【解析】 (D) 十七世紀荷蘭人用羅馬字拼音傳授新港社（台南縣新市）西拉雅族基督教義，並用羅馬字拼寫西拉雅族的語言，故稱為「新港文」（番仔文、西拉雅文、紅毛字），是最早被書寫成文字的台灣原住民語言，此「福爾摩沙語」是指西拉雅語。

10. **D**

【解析】 (D) 乾隆年間（1787 年），漳州人吳沙召募大量同鄉，前往噶瑪蘭地區開墾荒地，時間符合。

(A) 為十七世紀荷蘭統治臺灣時的情形，時間不符。

(B) 臺南安平一帶有許多西方傳教士及外商，是英法聯軍後中英法天津、北京條約簽訂後，台灣開港清領後期（1860 年）的事，時間不符。

(C) 臺北設府是牡丹社事件（1874 年）後，沈葆楨來台設立的，時間不符。

11. **B**

【解析】 (B) 題幹中「強索巨額賠款；又屈從於強權，不能公正處理領土問題」只有 (B) 凡爾賽和約中，協約國對同盟國的處置，符合題意；(A)、(C) 和 (D) 未有巨額賠款。

12. **A**

【解析】 (A) 題幹中「英格蘭女王伊莉莎白一世便曾經同意英格蘭海船掠奪加勒比海和中南美洲沿岸城市，引起敵方報復，發生激戰」，可知答案為 (A) 西班牙，因伊莉莎白一世在位期間（1558-1603 年），加勒比海與中南美洲是西班牙的殖民地。

(B) 法蘭西以北美洲為殖民地。

(C) 俄羅斯並未殖民美洲。

(D) 十七世紀初荷蘭才建立美洲殖民地。

13. **B**

【解析】(B) 1860 年臺灣開港後，樟腦是第三大出口物資，樟樹生長在中、北部原住民居住的山區，漢人入山砍伐樟木，破壞原住民的居住環境，經常引發與原住民的衝突。

(A) 清代中期臺灣開採煤礦區未深入原住民居住的深山，不會引發與原住民的衝突。

(C) 臺灣茶葉主要產地在以漢人居住的北部丘陵地帶，不會引發與原住民的衝突。

(D) 清代臺灣漢人興建瑠公圳、貓霧捒圳等，曾入山引水，引發與原住民的衝突，但後來採取割地換水等方式解決爭端。

14. **C**

【解析】(C) 民國 16 年 4 月中國國民黨人看見共產黨分化國民黨，展開清黨工作，清除軍中與黨部中共分子，是國民黨首次反共。

(A) 民國 16 年搜查俄國使館，驅逐俄國顧問是張作霖發動，影響中俄絕交，後來還發生「中東路事件」，與題義無關。

(B) 民國 21 年發動剿共戰爭，殘共往陝北延安，謂之國軍五次圍剿，中共稱之為「二萬五千里長征」，時間不合。

(D) 北伐對象為割據各地的軍閥，與共產黨無關。

15. **C**

　　【解析】　(C)　查士丁尼（Justinian, 527-565 A.D.）是東羅馬帝國
　　　　　　　強盛的皇帝，在位期間拜占庭國勢達到鼎盛，查士
　　　　　　　丁尼採取東守西攻的戰略，重振古羅馬帝國的聲威，
　　　　　　　締造歐、亞、非三洲帝國，可惜查士丁尼死後，外
　　　　　　　患接踵而至，拜占庭與波斯的薩桑帝國長期相戰，
　　　　　　　結果兩敗俱傷，新征服的土地又落入日耳曼人之手。

　　　　　　　(A)　屋大維為羅馬帝國第一位皇帝，不需要立志恢復古
　　　　　　　羅馬帝國的版圖。

　　　　　　　(B)　查理曼帝國領土至北非。

　　　　　　　(D)　墨索里尼為 1922-1943 年義大利王國總理，非皇帝。

16. **C**

　　【解析】　(C)　學者引用相同史料（『文獻記載中國官方與臺灣住
　　　　　　　民的接觸，可以追溯到三國或隋代』、『文獻記載中
　　　　　　　國官方與臺灣住民的接觸，最早的可能可追溯到三
　　　　　　　國時代，或在隋代』），可能獲得不同的結論（『臺
　　　　　　　灣自古以來就是中國的領土』、我們可以確定臺灣
　　　　　　　不是『自古即為中國領土』）。

　　　　　　　(A)、(B)　「資料一」和「資料二」皆為歷史解釋，答
　　　　　　　案錯誤。

　　　　　　　(D)　從各種角度做歷史解釋，無當有一誤。

17. **A**

　　【解析】　(A)　題幹「戰事發生之前，上海的外文報紙都認為中國
　　　　　　　一定能夠打敗日本」，甲午戰爭前，外國各界都認
　　　　　　　為中國的實力應在日本之上，但因海軍軍紀不佳，

　　　　　　　　裝備維修不良，且軍費被慈禧太后挪用來修建頤和
　　　　　　　　園等，甲午戰爭日軍卻打了勝仗。

　　　　　(B)、(C)、(D) 從清末甲午戰爭到日俄戰爭是日本成為
　　　　　　　　世界強國之一，相對民國初年中國內憂外患頻仍，
　　　　　　　　國力懸殊，中日衝突或戰事發生，外國人不會認為
　　　　　　　　中國能打敗日本。

18. **B**

　　【解析】　(B) 普法戰爭後，德國首相俾斯麥想孤立法國，奧國在
　　　　　　　　柏林會議得到巴爾幹半島西北部兩州遭俄嫉妒，奧
　　　　　　　　欲聯德以自保，於 1879 年訂立德奧同盟，義大利
　　　　　　　　因爭奪北非殖民地與法國交惡，在 1882 年加入，
　　　　　　　　結成「三國同盟」；德皇威廉二世高唱「大日耳曼
　　　　　　　　族主義」，支持奧國向巴爾幹半島發展，俄國備受
　　　　　　　　威脅，法國乘機拉攏，1894 年訂立法俄協約，威
　　　　　　　　廉二世又高唱「世界政策」和「大海軍主義」，使
　　　　　　　　英國感到威脅，乃放棄光榮孤立的外交政策，1904
　　　　　　　　年訂英法協約，1907 年訂立英俄協約，結成「三國
　　　　　　　　協約」；兩個軍事壁壘彼此激盪，歐洲局勢日趨緊
　　　　　　　　張。

　　　　　(D) 土耳其復興是二十世紀初第一次世界大戰後的事，
　　　　　　　　與題意不符。

19. **A**

　　【解析】　(A) 北宋理學家張載（1020-1078 年）名言：「為天地立
　　　　　　　　心，為生民立命，為往聖繼絕學，為萬世開太平」，
　　　　　　　　以「為天地立心」最能反映宋代學者的抱負，因先

秦儒家及宋明理學極力闡發天道性命之學，孔子
「天生德於予」、「五十而知天命」、「下學而上達」，
孟子「盡心知性知天」與《中庸》「天命之謂性，
率性之謂道」等皆為「天道性命相貫通」的哲學脈
統，宋明理學將倫理學與形上學連結在一起，「為
天地立心，說明宋代學者以人為主體解釋天理」。

(B) 宋代庶民崛起，是受到當時經濟情況改變而致。

(C) 宋代重文輕武政策，影響印刷術發達。

(D) 宋受遼侵略，澶淵之盟後，宋遼關係穩定，是因送
每年輸給遼歲幣等所致。

20. **C**

【解析】 (C) 圖中臺灣「數量」統計每年上升，表示固定增加；
「年成長率」1915 年降，1945 年升，1950 年後下降，
1915 年日治時期派兵參加一次大戰，人口年成長率
降；1945 年國民政府遷臺，人口年成長率升，1950
年代中期推行家庭計畫節育，人口年成長率降，圖
中「數量」統計穩定成長，並於 2000 年左右超過
二千萬，符合題意。

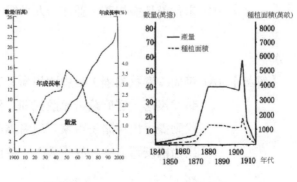

圖 (一)　　　　　　　　　圖 (二)

(A) 圖中「數量」統計只有二千多萬臺幣，不符題意，
1990 年代台灣軍費支出已超過 100 億美元。

(B) 政府遷臺初期有外匯短缺的現象，不符合年成長率
上升圖。

(D) 臺灣二千多萬人口，電話具數不可能每人一具到達
二千萬具。

21. **C**

【解析】 (C) 從生產統計示意圖中可知此項經濟作 1840 年代種
植，產量與種植面積在 1870、1905 年增加，1910
年後又減少，可知為 (C) 罌粟，鴉片之原料，1840
年代鴉片戰爭後，中國有部分地區種罌粟，後來中
國有弛禁鴉片、課徵稅釐的作法，使罌粟產量與種
植面積大增，1900 年代庚子後新政後宣布禁煙，
1910 年產量縮少，符合題意。

(A) 菸草原產於中南美洲等地，於地理大發現後十六世
紀時傳入中國，明末便已種植，非十九世紀。

(B) 中國甘蔗的種植可能始於春秋戰國時期，並非十九
世紀才種植。

(D) 宋代就種植棉花，並非十九世紀。

22. **A**

【解析】 (A) 東周（春秋戰國）是中國學術思想的黃金時代，因
封建沒落，官府藏書流散民間，促成學術普及，時
代動盪，出現諸子百家，學者為救時之弊，各自提
出治國安邦方案，故「天下一致而百慮，同歸而殊
途」。

23. **A**

【解析】(A) 表 (一) 可見農業比重逐漸下降，工業比重相對提
高，1960 年代正值出口擴張（經濟起飛）時期，
政府設置高雄、楠梓、台中三加工出口區，以廉
價勞力有效吸引外資，提升工業生產的比重。

表 (一)　　　　　單位：%

年度	農業	工業	服務業	合計
1960	28.5	26.9	44.6	100
1965	23.6	30.2	46.2	100
1970	15.5	36.8	47.7	100

(B) 十大建設於 1970 年代推動，與表 (一) 不符。

(C) 經濟自由化、國際化為 1980 年代後施行的政策，
與表 (一) 不符。

(D) 臺灣產業自 1970 年代轉型，由勞力密集轉向高科
技產業，1980 年設立「新竹科學園區」後，高科
技產業有更顯著的發展，與表 (一) 不符。

24. **D**

【解析】(D) 圖 (三) 上有「歡迎選購」
的文字，表示中國大陸當
時有自由買賣的現象，這
是 1980 年代鄧小平進行經
濟開放改革，走向市場經
濟和私有財產的資本主義，
人民公社解散，允許農民

圖 (三)

經營各種副業，才會出現的景象；以前中國大陸採
取統購統銷政策，不允許任何糧食買賣。

25. **A**

　【解析】　(A) 漢武帝採董仲舒建議統一思想－罷黜百家，獨尊儒
　　　　　　　術，以後各朝政府透過教育及選才任官（科舉考試）
　　　　　　　制，將儒家學問融入中國各階層的思想與日常生活
　　　　　　　中，兩千年來，儒家學說不僅居中國學術思想的正
　　　　　　　統地位，而且深入基層，成爲維繫世道人心的社會
　　　　　　　規範。

　　　　　　(B) 各地普設孔廟，並由官方定期舉辦祭孔典禮，是統
　　　　　　　治者掌控道統、政教合一的象徵，教化作用不大。

　　　　　　(C) 儒家並非集諸子百家大成。

　　　　　　(D) 通俗戲劇小說盛行約在宋代庶民文化興起時，宋代
　　　　　　　前儒家忠孝節義觀念已普及於庶民。

26. **C**

　【解析】　(C)「1960 年代」是個激情與叛逆的年代，這時期發生
　　　　　　　不少事件，包括美國加入越戰陷入苦戰、種族衝突
　　　　　　　（美國、南非黑白問題等）、反戰示威學運（如法
　　　　　　　國抗議戴高樂政府事件、最激烈是美國的反越戰）
　　　　　　　等，其時間應始於 1963 年美國甘迺迪總統被暗殺，
　　　　　　　至 1973 年美國退出越戰爲止，以標準的西洋紀元計
　　　　　　　算，1960 年代應是指 1960-69 年，史家因主題而設
　　　　　　　定分期標準，故各種分期都有其學理根據。

　　　　　　(A) 世界各國有關歷史的分期難有公認標準。

　　　　　　(B) 各國分期方法不同，未想要求同存異。

　　　　　　(D) 歷史的分期和史家採用不同紀年無關。

27. **A**

【解析】(A) 明末流寇張獻忠入川和清初吳三桂出征，使四川人口銳減，為恢復四川的生產力，清政府頒布「招墾令」，湖南、湖北、江西人大量移民四川；清初利用「改土歸流」，將東南人民大量遷移到西南，緩和東南人口過多與耕地不足現象。

(B) 太平天國之亂時，難民避走各地，江南各省難民未特別避亂到四川。

(C) 國軍剿共是從江西到陝甘。

(D) 八年抗戰期間，淪陷區的各省軍民大量湧入四川，非如題幹敘述以某些籍貫為多。

28. **B**

【解析】(B) 唐初佛教宗派林立，其後佛教各宗派消沉，應時而興的是禪宗和淨土宗；禪宗是佛教各宗派中最不重經論、不種有形儀式、最富生活化，教學修行最灑脫自在的宗派，唐武宗排佛時禪宗一支獨秀；念「阿彌陀佛」即可到淨土極樂世界，修持方法簡捷易行的淨土宗流傳民間，象徵佛教由形而上走向世俗化。

(A) 佛教思想未統於一尊。

(C) 儒釋道三教於明代以後漸趨融合，不是表現在禪宗和淨土宗的興起。

(D) 統一政權未對佛教進行思想控制。

29. **D**

【解析】(D) 十六世紀地理大發現後，歐洲各國從事海外擴張，中國茶葉本受到歐洲王室貴族的喜愛，後受到列強商業資本主義的擴張，西歐商人改向售價較低的日本、印度等地大量購買茶葉，導致中國皖南茶農虧損嚴重，虧銀將及百萬兩。

(A) 外商在中國口岸設加工廠在光緒 21 年中日馬關條約簽訂後。

(B) 鴉片戰後中國納入世界經濟體系。

(C) 咸豐 10 年海關總稅務司成立後外人即掌控海關稅務司，當時未虧銀，後來虧銀與此無關。

30. **D**

【解析】(D) 西方的文藝復興運動（14 世紀）與啟蒙運動（18 世紀）都屬於文化與思想的革命，書籍需求量大增，活版印刷術的發明，加速文化的傳播。

(A) 煉金術影響現代化學的萌芽，無助於文藝復興與啟蒙運動的發展。

(B) 觀星術、(C) 航海技術的進步有助於十五世紀末的歐洲地理大發現，和文藝復興、啟蒙運動無關係。

31. **B**

【解析】(B) 白銀在十六世紀地理大發現後成為中國通行的

表（二）

年代	1500	1600	1700	1800
歐洲	68	83	106	173
中國	100	150	150	315
印度	79	100	200	190
非洲	85	95	100	100

交易媒介，使明代中葉後到清朝中國採銀銅雙本位制，自歐美和日本輸入大量白銀，到十九世紀，鴉片貿易使中國貿易逆差，白銀開始流入歐洲，此情形與表 (二) 符合。

(A) 歐洲紡織業興盛，許多時期歐洲的紡織品產量不應同時落後中國、非洲與印度。

(C) 罌粟歐洲不適合種植。

(D) 穀類作物非洲產量有限，表 (二) 非洲高於歐洲與印度，與事實不符。

二、多選題

32. ACD

【解析】　(A) 國民政府來臺後，1950 年開始推動地方自治，選舉地方行政首長及省級以下民代，使政治上的反對勢力有發展的空間。

(B) 1987 年解除戒嚴前台灣文化政策未開放，限制出版、講學等文化活動。

(C) 1950 年代後，臺灣經濟發展，中產階級和資本家隨經濟發展崛起，為政治轉型提供活力，有助於民主政治的推展。

(D) 臺灣在威權統治時期外省人長期掌權，被臺灣人稱為「外省政權」，反使省籍問題成為民主運動的動員基礎。

(E) 威權統治時期政府長期推行國語政策，忽視或歧視其他族群母語，未推動多元平等的社會政策，使族群關係未能維持和諧。

33. **AC 或 A**

　　【解析】(A) 《動員戡亂時期臨時條款》規定「動員戡亂時期，
　　　　　　　　總統、副總統不受連任一次之限制」，民國八十年
　　　　　　　　廢止《動員戡亂時期臨時條款》，總統的權力和任
　　　　　　　　期受到憲法約束。

　　　　　　(B) 民國 81 年「第二次憲法增修條文」中明定。

　　　　　　(C) 民國八十年廢止《動員戡亂時期臨時條款》，制定
　　　　　　　　「憲法增修條文」，明定依法定期舉辦中央民意代
　　　　　　　　表選舉。

　　　　　　(D)、(E) 民國 39 年開始定期舉辦地方行政首長、民意
　　　　　　　　代表選舉。

34. **CE**

　　【解析】(A)、(D) 二次戰後日本亦受重創，美國「馬歇爾計畫」
　　　　　　　　經濟援助歐洲重建，並未利用日本的產業技術或援
　　　　　　　　助日本。

　　　　　　(B) 二次戰後在美國主導下，日本賠償各國的金額大幅
　　　　　　　　降低，不過未完全倖免戰後賠償責任。

　　　　　　(C) 冷戰期間，美國扶植日本為對抗共產勢力的盟友。

　　　　　　(E) 在共產勢力擴張下，美國在韓戰與越戰期間將日本
　　　　　　　　作為軍事後勤基地，故說韓戰越戰的軍需景氣強化
　　　　　　　　了日本出口。

三、題組題

第 35-36 題為題組

35. **C**

【解析】(C) 「城隍爺」早期未脫保衛城池的職能，隋唐時城隍的職能擴大，「城隍」職司陰陽二界的善惡功過、管理陰間冥籍、審訊鬼魂，有如冥界的地方官，明清時城隍已從地方的保護神，升格為護國安邦、除暴安良、統轄亡魂之神，成為影響大、信仰廣泛的神祇；「土地公」源於遠古土地崇拜的「社神」；秦漢後地方社神則成為「土地神」，由自然崇拜變為人格神崇拜，將祂視為下層官吏的一級小神，在民間信仰中，土地公類似基層維護治安的警察或村里長，和生活相關的生老病死活動多要迎請祂參加，但祂沒有如同城隍的官職身分，不具有陰間審判權力。

36. **A**

【解析】(A) 中國早期道教原為追求神仙長生理論的宗教，與人民生活較有距離，到宋元明清後，道教中的正一道與全真道互相融會為大眾化宗教，相信鬼神信仰、運用儀式法術的社會活動，影響人體健康與運勢。

(B)、(C)、(D) 只是道教修行的次要部分。

第 37-38 題為題組

37. **B**

【解析】(B) 魏晉南北朝寒門子弟無力負擔學費，山林（寺院精舍）講學興起，唐末五代的動亂中，山林寺院的講學延續中原文化命脈，且為宋代書院制度奠下基礎。

(A) 「清談玄風」盛行於魏晉時期，知識分子轉向老莊之學，自由抒發宇宙與人生哲理，與「藏書、供祀、教學」無關。

　　　　　　(C) 官學在唐宋書院開始或盛行時皆很盛，未沒落。

　　　　　　(D) 科舉制度題目僵化，與「書院教學，師徒極重視啟
　　　　　　　　發的思考方式」不符。

38. **C**

　　【解析】　(C) 由題幹「我們雖然身在宇宙之中，但宇宙之理卻存
　　　　　　　　在於我們的心中。」可知是強調心性與天理的「宋
　　　　　　　　明理學」。

　　　　　　(A) 兩漢經學未觸及宇宙人生的討論。

　　　　　　(B) 佛學主張宇宙起源為空，宇宙之理未存在於我們的
　　　　　　　　心中。

　　　　　　(D) 清代樸學即乾隆嘉慶年間考據學，與題意不符。

第 39-40 題為題組

39. **C**

　　【解析】　(C) 由題幹「尤不可缺少關懷與尊重的世界一家觀念」
　　　　　　　　可知「結合全球化與在地化」是這家跨國企業廣告
　　　　　　　　所傳達的經營理念。

40. **C**

　　【解析】　(C) 由題幹「通常會以合理的價格自國內外採購商品」，
　　　　　　　　「以適當而穩定的價位陳列販賣」，可知是「社會
　　　　　　　　公平」經營理念。

　　　　　　(A) 「公有共享」，指共同擁有，非販售營利行為。

　　　　　　(B) 「社會救助」，指對弱勢團體或個人提供無償協助。

　　　　　　(D) 「社會福利」，指透過制度提供對某些人或群體補
　　　　　　　　助。

第貳部分：非選擇題

一、【解答】　1. 九一八（瀋陽）事變；
　　　　　　　2. 經濟大恐慌。

二、【解答】　1. 啓蒙時期受到中國影響，仰慕中國文化；
　　　　　　　2. 爭取國交平等（打破貿易限制，爭取自由通商）。

三、【解答】　1. 1930 年代；
　　　　　　　2. 法西斯主義；
　　　　　　　3. 孤立主義；
　　　　　　　4. 珍珠港事變。

四、【解答】　1. 18 世紀（啓蒙運動時期）；
　　　　　　　2. 沙龍。

100學年度指定科目考試（歷史）

大考中心公佈答案

題　號	答　　案	題　號	答　　案
1	A	21	C
2	A	22	A
3	D	23	A
4	D	24	D
5	C	25	A
6	C	26	C
7	B	27	A
8	A	28	B
9	D	29	D
10	D	30	D
11	B	31	B
12	A	32	ACD
13	B	33	AC 或 A
14	C	34	CE
15	C	35	C
16	C	36	A
17	A	37	B
18	B	38	C
19	A	39	C
20	C	40	C

100 學年度指定科目考試
各科成績標準一覽表

科　　目	頂　標	前　標	均　標	後　標	底　標
國　　文	71	66	59	50	42
英　　文	79	69	51	33	23
數學甲	82	71	51	32	20
數學乙	86	75	55	34	22
化　　學	75	66	51	37	29
物　　理	83	73	53	34	25
生　　物	77	69	54	41	32
歷　　史	77	70	59	48	39
地　　理	71	66	58	48	40
公民與社會	77	72	64	55	48

※ 以上五項標準均取為整數（小數只捨不入），且其計算均不含缺考生之成績，
　計算方式如下：

　頂標：成績位於第 88 百分位數之考生成績。
　前標：成績位於第 75 百分位數之考生成績。
　均標：成績位於第 50 百分位數之考生成績。
　後標：成績位於第 25 百分位數之考生成績。
　底標：成績位於第 12 百分位數之考生成績。

例：　某科之到考考生為 99982 人，則該科五項標準為

　　頂標：成績由低至高排序，取第 87985 名（99982×88%＝87984.16，取整數，
　　　　　小數無條件進位）考生的成績，再取整數(小數只捨不入)。

　　前標：成績由低至高排序，取第 74987 名（99982×75%＝74986.5，取整數，
　　　　　小數無條件進位）考生的成績，再取整數(小數只捨不入)。

　　均標：成績由低至高排序，取第 49991 名（99982×50%＝49991）考生的成績，
　　　　　再取整數(小數只捨不入)。

　　後標：成績由低至高排序，取第 24996 名（99982×25%＝24995.5，取整數，
　　　　　小數無條件進位）考生的成績，再取整數(小數只捨不入)。

　　底標：成績由低至高排序，取第 11998 名（99982×12%＝11997.84，取整數，
　　　　　小數無條件進位）考生的成績，再取整數(小數只捨不入)。

九十九年大學入學指定科目考試試題
歷史考科

第壹部分：選擇題（佔 80 分）

一、單選題（72 分）

說明：第 1 題至第 36 題，每題選出一個最適當的選項，標示在答案卡之「選擇題答案區」。每題答對得 2 分，答錯或劃記多於一個選項者倒扣 2/3 分，倒扣到本大題之實得分數為零為止。未作答者，不給分亦不扣分。

1. 某個時代中，許多出版商除原有業務外，也大量刊印童蒙識字教材、生活實用手冊、通俗文學讀物等類書籍，銷售的對象以略通文字的平民百姓為主。這個時代是下列何者？
   (A) 秦漢　　　　(B) 隋唐　　　　(C) 宋元　　　　(D) 明清

2. 1896 年日本統治臺灣頒佈的「六三法」，其第一條：「臺灣總督得於其轄區內，頒佈具有法律效力之命令。」由此條文內容來看，「六三法」對於當時臺灣代表的意義是什麼？
   (A) 從此臺灣人可以自主管理　　(B) 臺灣人不受日本憲法保障
   (C) 臺灣總督必須具司法背景　　(D) 視臺灣為日本內地的延長

3. 臺灣許多地方常因重要的歷史發展而改變地方名稱。有艋舺改名為萬華，諸羅改名為嘉義，雞籠改為基隆，依此三地改名時間先後自左至右排列，下列順序何者正確？
   (A) 萬華→嘉義→基隆　　　　(B) 嘉義→基隆→萬華
   (C) 基隆→萬華→嘉義　　　　(D) 萬華→基隆→嘉義

4. 人類各大文明的發展，並不一致，而是有快有慢，緩慢的時候，
   甚至可以譬喻為冬眠。某學者指出，十五世紀以後，這個地區逐
   漸從千年的冬眠中甦醒過來，可以與某一國在哲學、數學、藝術
   上相競爭。請問這個地區與某一國，各指何處？
   (A) 歐洲、中國　　　　　　(B) 阿拉伯半島、印度
   (C) 美洲、西班牙　　　　　(D) 東亞、英國

5. 古典時期的希臘城邦與中古後期的西歐城市，雖然興起的時空不
   同，其發展卻有不少雷同之處。下列選項何者為是？
   (A) 皆因商業需要而興起　　(B) 公民皆以商人為主體
   (C) 皆是獨立的政治單位　　(D) 皆實施直接民主政治

6. 日本某歷史教科書，用「侵略」一詞形容二十世紀的中日戰爭。
   日本文部省的審查意見認為：「侵略」是含有負面道德暗示的字
   眼，用於下一代國民教育的教科書，來描寫自己國家的行動，是
   不妥的，應該改用「軍事前進」之類的文字。對於日本官方這種
   做法，我們應如何理解較為恰當？
   (A) 對於發動戰爭一事，日本政府並未能確切深入檢討與反省
   (B) 對於發動戰爭一事，日本政府已從教育革新做起，知所省思
   (C) 歷史教科書的文字，應該屬於事實敘述，避免道德評價
   (D) 日本政府藉此做法，企圖得到中、韓政府的諒解與同意

7. 1840 年，一位英國人在伊斯坦堡開辦一份土耳其文報紙《事件時
   報》，經營得很辛苦。後來 1850 年代爆發戰爭，這位英國人利
   用當時剛傳入近東的新科技與戰地記者搭上線，快速取得新聞上
   報，讓土耳其民眾可逐日獲知土軍最新戰況，《事件時報》遂而
   大賣。這位英國人應用的「新科技」最有可能是下列何者？
   (A) 電話　　　(B) 電報　　　(C) 照相　　　(D) 傳真

8. 一位先秦思想家評論兩位政治人物：齊桓公致力聯繫諸侯，設法
合作維繫傳統封建秩序，是個執守正道而不行詐謀的國君。晉文
公雖協助周王定亂，卻僭越禮制，想仿行天子的禮儀，是個內行
詐謀卻裝作遵循正道的國君。這位思想家可歸類為哪個學派？

　(A) 儒家　　　(B) 法家　　　(C) 道家　　　(D) 墨家

9. 有一種組織，其成員互助合作，關係緊密。這個組織可以規範成
員的工作條件、產品品質與價格，以防止會員間的惡性競爭。這
個團體應是下列何者？

　(A) 法國的巴黎公社　　　(B) 歐洲中古的行會
　(C) 臺灣的郊商團體　　　(D) 清末廣州的公行

10. 羅馬帝國衰亡後，西歐各地城市逐漸萎縮；十二世紀以後，才又
逐漸興起，只是規模有限。十四世紀中葉，佛羅倫斯、威尼斯、
米蘭、熱那亞等地，人口雖仍不足十萬，但已是當時有數的大城。
這四個地方發展的共同背景為何？

　(A) 位於重要貿易線上，商業發達，經濟繁榮
　(B) 受阿爾卑斯山屏障，免於日耳曼部落侵擾
　(C) 為歐洲宗教中心，吸引各地教徒前往定居
　(D) 靠近拜占庭帝國，受其保護，故民生安定

11. 一位十九世紀的法國人論及自己的時代：不論是佃農、工人或水
手，只要勤勞節儉，就有機會擁有農莊、工廠或商船，甚至可能
成為銀行家。這種說法反映下列哪一種歷史現象？

　(A) 封建制度面臨解體　　　(B) 資產階級蓬勃發展
　(C) 帝國主義不斷擴張　　　(D) 社會主義蔚為風潮

12. 據報導：被魯凱族部落大頭目世家視爲傳家寶的青陶瓷，是十七世紀初荷蘭人用它裝棕櫚油，運到臺灣後與魯凱族部落「以物易物」，再運銷到日本。請問荷蘭人是以棕櫚油交換臺灣魯凱族的哪種物品？再運銷到日本哪個港口？
(A) 硫磺，橫濱
(B) 蔗糖，神戶
(C) 鹿皮，長崎
(D) 稻米，大阪

13. 一位學者自述：因爲愛看地方戲曲，才對民間傳說有大概的領略；又因爲社會上流行思想革命，我才大膽提出打破傳統學說的見解；也因爲徵集歌謠的緣故，而注意到許多風俗材料。這位學者最可能受到下列何種風氣的影響？
(A) 乾嘉時期的考據學風
(B) 晚清時期中體西用說
(C) 民國初年新文化運動
(D) 文革時期的破舊立新

14. 西方醫學發展中，曾見四種關於疾病起源的解釋：（甲）：「生病是人的四種體液不平衡所致。」（乙）：「生病是空氣污濁所致。」（丙）：「生病是受到超自然力量的影響。」（丁）：「生病是細菌感染所致。」上述四種解釋出現的先後次序應是下列何者？
(A) 甲丙乙丁
(B) 丙甲乙丁
(C) 甲丙丁乙
(D) 丙乙甲丁

15. 西元 1881 年移民到美國的華人有 11,890 人，1882 年有 39,579 人。但 1884 年進入美國的華人只有 279 人，1887 年更只有 10 人。華人進入美國人數急速遞減的主要原因爲下列何者？
(A) 滿清政府採取閉關政策，禁止華人出國
(B) 東南亞國家以優厚的條件吸引華人前往
(C) 美國西部鐵路完工，已不需要華工勞力
(D) 美國通過排華法案，禁止華工進入美國

16. 一位學生計畫撰寫一篇小論文，到圖書館借閱了《巴達維亞城日記》、《裨海紀遊》、《馬偕日記》三本書。這位學生想要研究的主題最可能是下列何者？
    (A) 平埔族社會的變遷
    (B) 長老教會來臺傳教
    (C) 東印度公司的貿易
    (D) 行郊的成立和興衰

17. 十九世紀前期，英國對美國、中國的貿易情況，以下何者敘述最為恰當？
    (A) 英國自中國購絲，賣至美國，買回棉花，並以棉布賣至中國
    (B) 英國自中國購絲，賣至美國，買回玉米，並以棉布賣至中國
    (C) 英國自中國購茶，賣至美國，買回玉米，並以鴉片賣至中國
    (D) 英國自中國購茶，賣至美國，買回棉花，並以鴉片賣至中國

18. 1789 年 7 月 14 日巴黎巴士底獄遭市民攻陷，這個消息在十三天之內已經傳抵西班牙的馬德里，但在距離法國首都只有 133 公里的皮隆尼（Péronne），卻是在第二十八天才獲悉這件事情。當時導致消息傳播速度差異的最可能原因是什麼？
    (A) 巴黎與其他地區的革命份子意見不合，有意封鎖消息
    (B) 城市間的海上交通比城鄉間的陸上交通更為便利快速
    (C) 巴黎革命份子為迅速獲得西班牙支援，積極向外求助
    (D) 法國各地區發生的許多暴動和革命行動影響交通傳播

19. 英國史家霍布斯邦（Eric J. Hobsbawm）說：「若無十九世紀資產階級社會的解體在先，勢無十月革命以及蘇聯的成立在後。」又說：「發生於二十世紀 30 年代的大蕭條，使人們認為蘇聯的經濟制度成為一條全球性的可行之路。」依據這樣的陳述，下列何者是最恰當的理解？
    (A) 資本主義得以挑戰社會主義，最大的力量來自於本身的強大
    (B) 社會主義得以挑戰資本主義，最大的力量來自於本身的強大

(C) 資本主義得以挑戰社會主義，最大的力量來自於對手的弱點

(D) 社會主義得以挑戰資本主義，最大的力量來自於對手的弱點

20. 據民國 48 年的一項調查，臺灣各地寺廟奉祀之主神，如右表。請問甲地應該是下列哪個地區？

(A) 臺北縣

(B) 桃園縣

(C) 新竹縣

(D) 臺南縣

主神 \ 地方	媽祖	三山國王	王爺	觀音
甲　地	54	0	127	25
高雄縣	37	7	56	55
屏東縣	36	25	52	31
臺中縣	37	8	45	18

21. 中國古代科舉制度是影響深遠的考試制度，它的成立要符合一些依準，下列敘述何者適宜？

(A) 應試者自行報名，不分科目，分數及格，即可任官

(B) 應試者自行報名，分科應試，中進士者可以任官

(C) 應試者由地方長官推薦，不分科目，共同競爭，中試者可以任官

(D) 應試者由朝廷大臣徵召，分科應試，分數及格，即可任官

22. 某地曾發生這樣的變化：短短數十年間，國家面貌發生了變化。幾世紀以來未曾圈圍的空地和公共牧場，現在均以柵籬設防；村落發展成人口密集的城鎮；煙囪聳立，睥睨古老的尖閣。公路經過整修，顯得筆直、堅固而寬廣。鐵軌首次鋪設，蒸汽船也開始航行於河、海之中。這應是下列何者的景觀？造成此一變化的原因爲何？

(A) 十八世紀後期的美國；獨立戰爭

(B) 十九世紀前期的英國；工業革命

(C) 十九世紀後期的日本；明治維新

(D) 二十世紀初期的臺灣；自強運動

23. 一個地區的社會結構有時會因宗教信仰改變而發生變動。西元三
　　世紀時，南洋群島出現信仰「甲」宗教的國家，受其理念的影響，
　　社會階級嚴明。西元五世紀後，「乙」宗教傳入，與「甲」宗教
　　競爭，並於三個世紀後取代之而成為主流宗教。在新宗教影響下，
　　該地區的社會階級泯滅。請問上述「甲」宗教和「乙」宗教分別
　　為何？
　　(A) 印度教；佛教　　　　(B) 佛教；伊斯蘭教
　　(C) 伊斯蘭教；基督教　　(D) 佛教；印度教

24. 清廷為了對付鄭成功，實施「沿海居民盡徙內地，設立邊界，布
　　置防守」及「寸板不許下水，貨物不許越界，違者無赦」兩個政
　　策，請問這兩個政策造成最大的影響為何？
　　(A) 鄭成功因物資短缺開始實施專賣
　　(B) 鄭成功轉向日本、南洋購買米糧
　　(C) 沿海居民變成流民而投靠鄭成功
　　(D) 沿海居民謀生從漁業轉變成農業

25. 戊戌維新之前，主張維新的人，發表各自意見。嚴復在〈上皇帝
　　萬言書〉請皇帝「結百姓之心」方法是「親至沿海各地，巡守省
　　方，縱民嵩呼，瞻識共主。」譚嗣同在《仁學》中說：「君也者，
　　為民辦事者也。事不辦而易其人，亦天下之通義也。」依據這些
　　資料，下列敘述何者最為適宜？
　　(A) 兩位維新者，都抱有新思想，都反對舊觀念
　　(B) 認同維新者，重點各有不同，但都主張民主
　　(C) 嚴復思想激進，譚嗣同思想保守
　　(D) 嚴復思想保守，譚嗣同思想激進

26. 《史記》有〈河渠書〉，《漢書》有〈溝洫志〉，主要針對黃河
　　患害的嚴重而寫的。但是，《後漢書》到新、舊《唐書》都沒有

〈河渠書〉或〈溝洫志〉等篇章。學者歸因於黃河基本上安流無事，無需專關一篇。請問此一時期黃河安流的最可能原因是什麼？

(A) 北方朝廷政治清明，治理黃河成效顯著

(B) 北方胡人政權重用漢人，不乏水利專家

(C) 黃河中游西側農業大為進步，水利發達

(D) 黃河中游西側多屬胡人居處，變農為牧

27. 一部編年史如此描述 1980 年代世界局勢的變動：「經過 20 年社會、政治的劇變，一種新的政治浪潮在西方世界逐漸抬頭。這可說是一種反革命，開始於 1979 年柴契爾（Margaret Thatcher）夫人出任英國首相，但直到 1980 年底雷根（Ronald Reagan）當選美國總統後，這一浪潮才真正發揮力量。」文中所說「新的政治浪潮」所指為何？其主要政策路線為何？

(A) 新自由主義；新中間路線

(B) 新社會主義；福利國家

(C) 新保守主義；自由市場

(D) 新民主主義；人權政治

28. 1893 年時值全球經濟蕭條，《淡水海關報告》：「幸運之神沒有比今年更照顧北部臺灣了」，但臺南《英國領事報告》：「南部比其他口岸更令外商失望，原是一個極為富庶的地區，卻無任何發展的跡象，貿易一直停滯。」會造成此一現象最有可能的原因是什麼？

(A) 安平港海關官員仇視洋行，洋行裹足不前

(B) 淡水港海關為招商，提出優沃的貿易條件

(C) 蔗糖的利潤和國際競爭力遠不如茶和樟腦

(D) 南部開發早已飽和且「米糖相剋」的問題嚴重

29. 三國時期，孫權要呂蒙多讀書，呂蒙讀了一段時間後，魯肅對呂蒙關於時局的分析，大為欽佩，並說呂蒙「非復吳下阿蒙」。根據以上所述，請問孫權要呂蒙讀什麼書？
    (A)《詩》、《書》、《易》、《禮》、《春秋》，這些基礎典籍，屬於學者必讀
    (B)《論語》、《孟子》、《大學》、《中庸》等，明白做人做事的基本道理
    (C)《周易》、《老子》、《莊子》，了解這些最近風行一時的學說思想
    (D)《孫子》、《左傳》、《史記》、《漢書》等典籍，培養見識與能力

30. 歐洲某一時期的學者認為：上帝創造宇宙，制定自然律，但並不干預世人事務。上帝不會因為諂媚與賄賂而改變自然的法則，所以祈禱、聖禮與儀式都無用。這是哪一時期的觀念？
    (A) 羅馬帝國時期　　　　　(B) 中古時期
    (C) 文藝復興時期　　　　　(D) 啟蒙運動時期

31. 右圖是 1970 年至 1990 年間，西德國內生產總額與主要能源消耗的關係圖，以 1970 年為基期（設定為 100）。圖中有關上述期間西德經濟成長與能源消耗的關係，如何解讀較為合理？

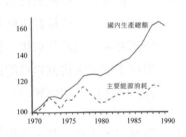

    (A) 能源的使用效率提升，緩和能源壓力
    (B) 由重工業轉向輕工業，能源消耗減少
    (C) 經濟成長率遞增，能源的消耗量遞減
    (D) 綠能政策奏效，太陽能成為主要能源

32. 有一則臺灣總督府政策推行的綱要：「我們所推動的『新體制』，它的性質是官制的行政輔助機關，『與政府表裡一體』、『謀求上意下達、下意上通』，協助政府達成政策、進行國民統合。」請問綱要中「新體制」所設立的組織是下列何者？

    (A) 新民會　　(B) 皇民奉公會　　(C) 新文協　　(D) 舊慣調查會

33. 以下是有關中國大陸繪畫藝術發展的三段描述：（甲）這期間，除了政治宣傳繪畫，其他藝術探索均處於休克狀態，畫家林風眠遭受迫害，被打為「黑畫家」，許多作品被毀，中國藝術經歷了一場空前浩劫。（乙）此時，對西方文化基本封閉，遵從共產黨領導與形式大眾化的延安革命傳統，以及學自蘇聯的社會現實主義，結合成一種美術的新正統模式。（丙）這個階段裡，國外美學、心理學、文化學和藝術學著作被廣泛介紹進來，美術理論研究也從復甦到初步繁榮，美術報刊空前增多，論爭也趨於頻繁和活躍。依其發展順序，下列選項何者正確？

    (A) 甲乙丙　　(B) 乙丙甲　　(C) 乙甲丙　　(D) 丙乙甲

34. 阿拉伯語在伊斯蘭教傳布區具有文化的優勢，改宗伊斯蘭信仰的地區往往不是直接採用阿拉伯語，就是改以阿拉伯字母拼寫自己的語文。但到近代以後，部份伊斯蘭國家為追求西化改革，又改用拉丁字母來拼寫自己的語文。下列何者出現這種狀況？

    (A) 土耳其　　(B) 埃及　　　　(C) 伊拉克　　(D) 伊朗

35. 資料甲：「管、蔡、武庚等果率淮夷而反。周公乃奉成王命，興師東征，作〈大誥〉。遂誅管叔，殺武庚，放蔡叔。」

    資料乙：「既破我斧，又缺我斨（方形的斧）。周公東征，四國（管蔡商奄）是皇（同惶，恐懼）。哀（可憐）我人（兵士自稱）斯，亦孔（很）之將（好）。」

依據上述資料，下列說明何者正確？

(A) 資料甲出自《史記》，資料乙出自《詩經》，皆述及同一歷史事件

(B) 資料甲出自《史記》，資料乙出自《詩經》，述及不同歷史事件

(C) 資料甲出自《詩經》，資料乙出自《史記》，皆述及同一歷史事件

(D) 資料甲出自《詩經》，資料乙出自《史記》，述及不同歷史事件

36. 以下是第一次世界大戰結束之後，有關英國婦女地位的兩份資料。

資料甲：一份地方報紙：「女性還不明白一件事：她們已經不太可能再從事那些有薪資的工廠工作。先前離開家庭雜事進入工廠的女性，如今被要求回到她們原來的鍋、盤世界中。」

資料乙：一位現代史家說：「把選舉權視為是對戰爭中女性作出貢獻的報償，這是很簡單的解釋。實際上，仔細研究後會發現，戰爭帶來的改變不多。那時報紙報導女性得到熱誠歡迎，但在農場、醫院和工廠，她們都被痛恨、敵視。」

關於以上兩份資料的見解，下列敘述何者為宜？

(A) 甲和乙認為戰後社會對女性的看法未改變

(B) 甲和乙認為大戰改善了女性的經濟地位

(C) 甲和乙認為大戰改善了女性的社會地位

(D) 資料甲的觀點和資料乙的觀點互相有矛盾

二、多選題（8分）

說明：第37題至第40題，每題各有5個選項，其中至少有一個是
　　　正確的。選出正確選項，標示在答案卡之「選擇題答案區」。
　　　每題2分，各選項獨立計分，每答對一個選項，可得0.4分，
　　　每答錯一個選項，倒扣0.4分，完全答對得2分，整題未作
　　　答者，不給分亦不扣分。在備答選項以外之區域劃記，一律
　　　倒扣0.4分。倒扣到本大題之實得分數爲零爲止。

37. 牡丹社事件後沈葆楨來臺善後，沈氏爲避免「番地」和外人的衝
突再次發生，重新調整行政區劃，加強地方治理。以下哪些行政
區是在此考量下增設而成的？
(A) 卑南廳　　　　　(B) 臺北府　　　　　(C) 恆春縣
(D) 基隆廳　　　　　(E) 埔里社廳

38. 《漢書・藝文志》著錄的醫學著作有《黃帝內經》18卷，內容多
以黃帝與人問答的形式來呈現。《黃帝內經》主張人必須「和於
陰陽，調於四時」，才不致生病。它對臟腑及經絡之功能特別注
意，提出了「善診者，察色按脈」，「經脈流行不止，環周不休」
等觀念。對於此書下列說法何者爲宜？
(A) 此書假借黃帝問答，可見是一本荒誕不經的僞作，不可信
(B) 此書假借黃帝問答，是古代依託聖人心態下的產物，仍有其
價值
(C) 此書之陰陽調和和四時變化的醫學理論，已被現代的中醫所
摒棄
(D) 此書之臟腑、經絡學說是中醫重要基本理論，指導中醫臨床
實驗
(E) 此書重視陰陽四時之變化，顯然是受到陰陽五行學說的影響

39. 「定居農業」是孕育人類古文明的主要經濟活動。世界史上，定
　　居農業地區通常是出現在一些大河流域的氾濫平原，而成為古文
　　明的發祥地。下列哪些古文明發祥於大河氾濫平原？
　　(A) 古代埃及文明　　　　　　(B) 美索不達米亞文明
　　(C) 印度哈拉帕文明　　　　　(D) 中國華北古文明
　　(E) 美洲馬雅古文明

40. 史家甲：「文藝復興不只是文學或藝術的再興，也是人類智識和
　　個人之覺醒或再生，而為近代世界的開始。」史家乙：「文藝復
　　興是中古時代轉移至近代的過渡時代，它同時具備了兩個時代的
　　特性。」有關兩位史家對「文藝復興」的看法，下列敘述何者恰
　　當？
　　(A) 史家甲強調文藝復興與中世紀的差異和斷裂
　　(B) 史家乙強調文藝復興仍然保有中世紀的特質
　　(C) 兩位史家對於文藝復興的解釋並無明顯差別
　　(D) 史家甲關注歷史的延續和連結
　　(E) 史家乙側重歷史的新異和變遷

第貳部分：非選擇題（佔 20 分）

說明：　本大題共有四題，作答都要用筆尖較粗之黑色墨水的筆書寫。
　　　　各題應在「答案卷」所標示題號（一、二、三、四）之區域
　　　　內作答，並標明子題號（1、2、…）。請依子題號作答，未
　　　　標明題號或答錯題號者均不計分。每題配分標於題末。

一、資料甲：1950 年代臺灣工業原料生產能力非常低，時由美國進
　　　　　　　口到臺灣的農產物資以棉花、小麥、大豆三項農產品
　　　　　　　為大宗。

資料乙：1953 年臺灣財經官員尹仲容主張「多吃麵粉少吃白米」，
　　　　希望透過此一運動的推展，改變國人當時的消費習慣，
　　　　以市場價值較低的麵粉作爲主食，而節約價值較高的白
　　　　米，來作爲對國家有利的用途。

就兩則資料來看，請問：

1. 資料甲中的進口物資，成爲臺灣後來哪二項工業的發展契
　機？（2 分）

2. 1950 年代臺灣麵粉的市場價值會比白米低，其主要原因爲
　何？（2 分）

3. 資料乙中所說的白米「作爲國家有利的用途」，最可能是
　什麼？（2 分）

二、蘇轍說：「自熙寧以來，民間出錢免役，又出常平錢。官庫之錢，
　　貫朽而不可校，民間官錢，搜索殆盡。常平錢山積，而無救飢饉。
　　積錢於官，無渲洩之道。」〔註：常平錢是青黃不接之時，貸
　　款給貧民，本名常平錢，而民間則稱青苗錢〕請問：

1. 北宋熙寧年間的變法改革，主事的君主與大臣各爲何人？
　（2 分）

2. 蘇轍贊成這次改革嗎？理由爲何？請依上列資料作答。
　（2 分）

3. 這次改革之後，物價普遍下跌，原因何在？請依上列資料作
　答。（2 分）

三、以下是第二次世界大戰後某一衝突事件的兩則報告：

　　甲：「西方國家正將德國改造成他們的防禦據點。他們正在把
　　　　德國變成軍事和政治的一個防衛站，目的是危害我們的聯
　　　　盟。」

乙：「如果我們有意去保護歐洲、防範共產主義，我們必須堅
　　持下去。我相信，為了民主制度的未來，我們必須留在這
　　座城市，除非我們被迫離開。」

請問：

1. 甲方最有可能是哪個國家？（1分）

2. 乙方報告中有兩個重要詞語可能為雙方衝突的根源，這兩個
　　重要詞語是什麼？（2分）

四、右圖是西元 1560 年前後歐洲宗教
　　勢力分布圖。其中不同線條標示
　　的地區（以甲、乙、丙、丁表示）
　　代表不同教派的勢力範圍，四個
　　黑圓點（以 A、B、C、D 表示）
　　則是四座城市坐落處。請看圖並
　　依據歷史知識，回答下列問題：

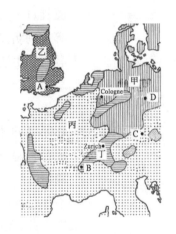

1. 馬丁路德是在圖中何處發起宗
　　教改革運動？（1分）
　　（請以 A、B、C、D 代號回答）

2. 馬丁路德的基本神學觀點為何？（2分）

3. 丙區是哪一個教派的分布區？（1分）

4. 在臺灣傳教歷史甚久的基督長老教會，應是出自哪一區的教
　　派？（1分）（請以甲、乙、丙、丁代號回答）

九十九年度指定科目考試歷史科試題詳解

第壹部分：選擇題

一、單選題

1. **D**

【解析】 (D) 宋儒進行社會改革工程，內容包括訂家禮、建書院、置社倉、立祠堂、行鄉約、編兒童啓蒙及通俗讀物等；到明清通俗文學蓬勃發展，大量刊印童蒙識字教材、生活實用手册、通俗文學讀物等類書籍。

2. **B**

【解析】 (B) 1896 年日本通過第 63 號法律，世稱「六三法」，規定台灣總督得公佈有法律效力之命令，使台灣總督獨攬行政、立法、司法、軍事大權於一身，臺灣人不受日本憲法保障；後來 1906 年第 31 號法律（世稱「三一法」）通過公佈，規定總督的命令或律令不得與日本本國的法律和敕令相抵觸；1921 年日本制定「法三號」取代「三一法」，規定日本國內的法律原則適用於台灣，臺灣人權稍受日本憲法保障；

(A) 日治時期台灣人並未有自主管理權；

(C) 臺灣總督並不須具司法背景，許多總督由軍人專任；

(D) 1919 年一次戰後，日本在台灣推動「同化政策」，提出「內地延長主義」，視臺灣爲日本內地的延長；1921 年「法三號」頒布，強調日本本國法律適用殖民地，即「內地法律延長主義」。

3. **B**

【解析】(B) 清乾隆五十三年（1788 年）平定林爽文之亂後，乾
隆嘉許諸羅縣民抵抗林爽文的忠義，將「諸羅」改
名「嘉義」；光緒元年（1875 年）沈葆楨增設台北
府，將「雞籠」改為「基隆（廳）」；日治時期大正
九年（1920 年），日本人改制行政區域，依閩南語
讀音才將艋舺改為日語音近字「萬華」（Manka）。

4. **A**

【解析】(A) 西元 476 年西羅馬帝國被蠻族滅掉後，希臘、羅馬
古文明被破壞殆盡，歐洲進入中古黑暗時期，後到
十四世紀文藝復興、十五世紀地理大發現後，才又
快速進步，逐漸從千年的沈眠中甦醒過來，此時中
國明清盛世，各方面都蓬勃發展，中西可互相競爭。

5. **C**

【解析】(A)(B) 希臘城邦如斯巴達（Sparta）經濟以農耕和畜牧
為主，並不是因商業需要而興起、公民以商人為主
體；

　　　(D) 上古希臘城邦如雅典（Atheans）實施直接民主政治，
西歐城市並不是。

6. **A**

【解析】(B) 日本政府並未能知所省思；

　　　(C) 「侵略」與「軍事前進」的字眼已有「道德評價」；

　　　(D) 並未得到中、韓政府的諒解與同意。

7. **B**

【解析】 (B) 1832 年美人摩斯（S. Morse）設計「摩斯電碼」
（Morse Code），1844 年他拍發世界上首封電報，
克里米亞戰爭（1854–56）中用來傳遞軍情，因有
電報有利於軍事調度；

(A) 1875 年美國貝爾（Bell）發明「電話」，後才有
「傳眞」；

(C) 1880 年代美國伊士曼發明底片及「柯達照相機」。

8. **A**

【解析】 (A) 由題幹「設法合作維繫傳統封建秩序」、「僭越禮
制」中可知這位思想家是主張回復封建秩序禮治
社會的儒家信徒。

9. **B**

【解析】 (B) 歐洲中古後期商業逐漸復興，商人爲防止盜匪的侵
襲與抵抗封建領主的壓迫，組成行會（基爾特，
guild）組織，行會制定各種規章，監督甚至壟斷各
種商業活動，後來許多工匠脫離商人行會，另組工
人行會，規定工藝品的規格和品質等；

(A) 『巴黎公社』是法國在普法戰爭中慘敗後在巴黎爆
發的產物；『巴黎公社』是一個在 1871 年短暫地統
治巴黎的政府；

(C) 清領前期台灣產生類似行會組織──「郊」；

(D) 清末外商在中國交易不自由（公行間接貿易制度）：
外商不得與官府直接往來，須由特設之洋行及公行
經理。

10. **A**

【解析】 (A) 十一世紀歐洲社會漸趨安定，人口增加，對日常生活用品——如胡椒、丁香、肉桂等香料的需求量增加，加上農業技術的改良，促進商業的復興；中古後期（十字軍東征時期）歐洲著名城市都產生於地中海沿岸亞洲貨物西運的貿易路線上，如義大利半島上的威尼斯（Venice）、佛羅倫斯（Florence）、熱那亞、米蘭等；

(B) 義大利半島中世紀仍受日耳曼人侵擾；

(C) 歐洲宗教中心為羅馬（教廷所在）；

(D) 拜占庭帝國不斷受土耳其人侵擾，無法保護義大利。

11. **B**

【解析】 (B) 十八世紀工業革命後，貴族階級沒落，資（中）產階級崛起，認為自己的成就是自身的努力和社會的變遷所致，重視個性，充滿自信；他們反對特權，不滿現狀，成為政治改革的動力。

12. **C**

【解析】 (C) 1635–1854年江戶幕府（Tokugawa Bakufu）實行鎖國政策，只准中國和荷蘭的商船到長崎貿易，故十七世紀初荷蘭人只能到長崎；荷蘭據台時期把鹿皮、蔗糖銷往日本等地，硫磺輸往中國。

13. **C**

【解析】 (C) 清末民初中國仍流行地方戲曲、徵集歌謠風俗材料，題幹中又有「社會上流行思想革命」，故選民國初年新文化運動。

14. **B**

【解析】 (B) 丙：遠古以來人類就迷信或崇拜超自然，認為生病
　　　　　 是受到超自然力量的影響，故有巫醫的出現；

　　　　　 甲：上古希臘時代出現「四體液論」，認為生病是因為
　　　　　 人體內血液、痰液、黑膽汁、黃膽汁四種體液不
　　　　　 平衡所致；

　　　　　 乙：近代人認為生病是空氣污濁所致；

　　　　　 丁：19世紀巴斯特（1822–1895年）建立細菌學說，使
　　　　　 醫學界對疾病的成因有更多的認識，認為生病是
　　　　　 細菌感染所致。

15. **D**

【解析】 (D) 美國在1882年通過惡名昭彰的《排華法案》，禁止
　　　　　 華工進入美國，導致華人進入美國的人數急速遞減。

16. **A**

【解析】 (B) 只有《馬偕日記》與「長老教會來臺傳教」有關；

　　　　　 (C) 只有《巴達維亞城日記》與「東印度公司的貿易」
　　　　　 有關；

　　　　　 (D) 大多與「行郊的成立和興衰」無關。

17. **D**

【解析】 (D) 此題關鍵時間是「十九世紀前期」，英國將鴉片大
　　　　　 量傾銷中國，後引起鴉片戰爭；英國紡織工業盛，
　　　　　 美國盛產棉花，故從美國買回棉花。

18. **B**

【解析】　(B) 十九世紀後期，西方國家主要鐵路幹線才完成，十九世紀前，水路交通較陸路交通便利；

　　　　　(A) 革命無法在第一時間封鎖消息，且封鎖消息不利於革命；

　　　　　(C) 西班牙恐懼革命風潮，成為反法聯盟成員之一；

　　　　　(D) 革命行動不一定會影響訊息傳播。

19. **D**

【解析】　(D) 資本主義的高度發展，造成貧富差距懸殊，成為嚴重的社會問題（貧富懸殊、勞工問題等），出現主張廢除私有財產的社會主義；後來資產階級社會不斷的與社會主義挑戰。

20. **D**

【解析】　(D) 臺灣先民多來自中國福建，福建沿海送出的王船，常漂流到澎湖和臺灣西南部沿海；當地民眾會將王船及王爺神像迎請上岸，並築廟奉祀，因此臺灣西南沿海一帶成為王爺信仰盛行的地區，臺南縣南鯤鯓代天府是臺灣重要的王爺信仰中心，故與 (A) 臺北縣 (B) 桃園縣 (C) 新竹縣等不合。

21. **B**

【解析】　(B) 科舉制度大多是應試者自行報名，且分科應試，如唐朝分明經科、進士科等，故有「三十老明經，五十少進士」之說；

　　　　　(D) 科舉未有及格標準。

22. **B**

　　【解析】(B) 此在描繪十九世紀前期英國工業革命後都市化、
　　　　　　　環境汙染及影響交通革命等現象。

23. **A**

　　【解析】(A) 東南亞的本土信仰屬於自然崇拜，西元三世紀時，
　　　　　　　印度商人傳入印度教（復興的婆羅門教），成為統
　　　　　　　治階級的信仰，印度教主張社會階級嚴明；西元
　　　　　　　五世紀後，傳入主張眾生平等的佛教，社會階級
　　　　　　　泯滅。

24. **C**

　　【解析】(C) 清廷頒「遷界令」、「海禁令」，對明鄭採經濟封
　　　　　　　鎖，鄭氏以賄賂和走私的方式，解決和中國貿易
　　　　　　　的困境，鄭氏政權更積極發展中國以外的貿易，
　　　　　　　並以屯田方式解決糧食匱乏；結果沿海居民變成
　　　　　　　流民受到極大損失而投靠鄭成功；
　　　　　　(A) 鄭成功未行專賣；
　　　　　　(B) 日本本來就是鄭成功主要的貿易對象；
　　　　　　(D) 東南沿海地區丘陵山地多，發展農業不易。

25. **D**

　　【解析】(D) 嚴復請皇帝「結百姓之心」、「親至沿海各地，巡
　　　　　　　守省方」可知思想保守；譚嗣同主張「君也者，
　　　　　　　為民辦事者也。事不辦而易其人」可知思想激進。

26. **D**

　【解析】 (D) 秦漢為抵抗匈奴入侵，曾徙人民至西北（黃河中游），漢人移居黃河中游後，使黃河中游由畜牧區變為農業區，農業開墾破壞水土保持，造成氾濫；東漢不再推行移民實邊政策，反而是游牧民族往塞內移徙，黃河中游胡人增多，農耕用地又轉為畜牧，農業造成的水土破壞減緩，變農為牧使黃河沒患害；但黃河患害主要在下游，唐朝修黃河大堤，把河道穩定 800 年未改道也是重要因素。

27. **C**

　【解析】 (C) 新保守主義（Neoconservatism）指六○及七○年代在美國興起的一種政治思想，強調西方價值，敵視共產主義，擁護資本主義、市場經濟、自由競爭，力主對傳統宗教、道德及家庭觀念的維護；世界經濟經歷越戰、以阿衝突、石油危機等重大事件後，八○年代已明顯呈現衰退現象。雷根總統（Ronald Reagan）就任後，重用一些新保守主義派人士；一般認為八○年代是新保守主義抬頭的時代；同一時期，英國由柴契爾（Margaret Thatcher）擔任首相，不再持續三大政策——保障就業與工會權利，以及推行社會福利國家。

28. **C**

　【解析】 (C) 1893年清領後期，「台灣三寶」中的茶、樟腦是中、北部的產物，多由北部（淡水）出口，蔗糖主要產

地在台灣南部，多由南部（安平、打狗）出口，故
1893年全球經濟蕭條，「幸運之神沒有比今年更照
顧北部臺灣了」，但「南部比其他口岸更令外商失
望，……貿易一直停滯。」可知蔗糖的利潤和國
際競爭力遠不如茶和樟腦；

(A) 安平港海關官員並未仇視洋行，洋行也未裹足；

(B) 北部本來即為茶與樟腦的主要產地，並非淡水海
關提出優渥條件；

(D) 「米糖相剋」是日本統治臺灣後，控制臺灣甘蔗
價格，農民因種稻較有利，因而轉種稻米才出現
「米糖相剋」的情況。

29. **D**

　【解析】 (D) 題幹有「關於時局的分析」，呂蒙看的書應和當時
的時代背景相關的書，如軍事、史政諸類等書籍，
《孫子》又稱《孫子兵法》，為古代兵書；《左傳》、
《史記》、《漢書》為史政書；

(A) 「五經」為古代基礎典籍，呂蒙看這些書不夠；

(B) 「四書」儒家經典，呂蒙看這些書不夠；

(C) 「三玄」玄學經典，呂蒙看這些書不夠。

30. **D**

　【解析】 (D) 由「上帝……，並不干預世人事務」、「祈禱、聖
禮與儀式都無用」可知為十六、十七世紀科學革
命，延續到十八世紀啟蒙運動時理性主義的主張；

(A) 羅馬帝國時期不否定神的作用，基督教後來成為
羅馬帝國國教後，「祈禱、聖禮與儀式都有用」；

(B) 中古時期歐洲是「基督教時代」，人們篤信祈禱、
聖禮與儀式，認為上帝是萬事萬物的主宰；

(C) 文藝復興時期雖有人文主義，反對以神為中心、
注重個人的自由意志，但沒有否定上帝干預世人
的作用。

31. **A**

【解析】 (A) 1970年代石油危機使得油價高漲，西德開始施行
一連串節約能源、提高能源及開發多元能源的政
策，緩和能源壓力，如提高燃油稅促進節能、提
高煤炭發電效率、鼓勵使用太陽能等能源；

(B) 未由重工業轉向輕工業，而是提升重工業的層級；

(C) 能源消耗量未遞減；

(D) 太陽能至今仍無法成為主要能源。

32. **B**

【解析】 (B) 日治時期 1941 年在臺灣設立「皇民奉公會」，「皇
民奉公運動」與「皇民化運動」不相同。「皇民化
運動」改變殖民地人民的認同，使其成為日本皇
民為目標；「皇民奉公運動」假借殖民地人民也是
皇民為口號，達成戰爭動員的目標；

(A) 「新民會」是臺灣留學生在東京籌組的政治抗爭
組織，為爭取台灣議會設置；

(C) 1927年「臺灣文化協會」因「台灣共產黨」介入
而分裂，使其左傾，稱「新文協」，也屬於民間發
起的政治抗爭組織；

(D) 「舊慣調查會」是日治初期為掌握臺灣舊有的例規和慣習成立的組織，不具備「謀求上意下達、下意上通」的功能。

33. **C**

【解析】（乙）屬於中共建國初期時期，由題幹「延安革命的傳統」、「學自蘇聯的社會現實主義」，可知是中共建國初期，仍與蘇聯關係密切；

（甲）屬於文化大革命時期，由題幹「除了政治宣傳繪畫，其他藝術探索均處於休克狀態」、「畫家遭受迫害，被打為『黑畫家』，許多作品被毀」可知；

（丙）屬於改革開放後時期，1990年代開放以來，「國外美學、心理學、文化學和藝術學著作被廣泛介紹進來」。

34. **A**

【解析】(A) 一次世界大戰後，土耳其凱末爾積極推動西化改革，用羅馬拼音文字（拉丁字母）來取代阿拉伯文字創造土耳其字母；

(B) 埃及從七世紀至今普遍使用阿拉伯語；

(C) 伊拉克使用阿拉伯語，國內伊斯蘭教信徒多，西化接受度不高；

(D) 伊朗使用波斯語，且發生反西化的伊斯蘭革命，仇視西方文化。

35. **A**

　　【解析】　(A)《史記》體例較嚴謹，文字也幾經斟酌；《詩經》
　　　　　　　　則是中國最早的北方詩歌總集，相較於《史記》
　　　　　　　　較口語化，且多四字一句；可知資料甲出自《史
　　　　　　　　記》，資料乙出自《詩經》；另外資料甲「周公乃
　　　　　　　　奉成王命，興師東征」、資料乙「周公東征」可
　　　　　　　　知兩則資料述及同一歷史事件——管蔡之亂（周
　　　　　　　　公東征）。

36. **A**

　　【解析】　(A) 資料甲提及「如今被要求回到她們原來的鍋、盤
　　　　　　　　世界中」的現象，資料乙提及「在農場、醫院和
　　　　　　　　工廠，她們都被痛恨、敵視」，兩段資料均述及一
　　　　　　　　次戰後，社會對女性的看法未改變，女性地位並
　　　　　　　　未提昇。

二、多選題

37. **ACE**

　　【解析】　(A)(C)(E) 牡丹社事件後為避免「番地」和外人的衝突
　　　　　　　　再次發生，沈葆楨於原住民區域增設行政區，加
　　　　　　　　強統治，含恆春縣、埔里社廳、卑南廳；
　　　　　　　(B) 因茶、樟腦多從北部出口而設台北府；
　　　　　　　(D) 是將原來淡水廳分設成淡水縣、新竹縣、基隆廳、
　　　　　　　　宜蘭縣。

38. **BDE**

【解析】 (A) 此書假借黃帝問答，依託聖人，意在加強論理的
說服力，並非荒誕不經的偽作；

(C) 《黃帝內經》內容至今仍被中醫奉為醫學經典，
現代中醫未摒棄。

39. **ABC**

【解析】 (A) 古代埃及文明孕育於北非尼羅河流域的氾濫平原，
希臘史家希羅多德說：「埃及是尼羅河的贈禮」；

(B) 美索不達米亞文明孕育於西亞的底格里斯河、幼
發拉底河間的氾濫平原；

(C) 印度哈拉帕文明孕育於印度半島的印度河流域的
氾濫平原；

(D) 中國華北古文明源起於黃河及其支流附近近水的
高地（台地或丘陵），而非氾濫平原上；

(E) 美洲馬雅古文明崛起於中美洲猶加敦半島，非大
河氾濫的平原，屬於熱帶叢林的城市文明。

40. **AB**

【解析】 (A) 史家甲說文藝復興是「人類智識和個人之覺醒或
再生，而為近代世界的開始」，強調中古時期與
文藝復興的差異與斷裂；

(B) 史家乙認為文藝復興是「中古到近代的過渡時代，
它同時具備了兩個時代的特性」，表示史家乙強調
注意到文藝復興仍然保有中世紀的特質；

(C) 兩者有差別；

(D) (E) 二者顛倒。

第貳部分：非選擇題

一、【解答】　1. 紡織業、食品加工業；

2. 美援；

3. 外銷爭取外匯。

二、【解答】　1. 北宋神宗、王安石；

2. 不贊成；因（青苗錢貸款）執行不當，未達到救濟
貧民效果；

3. 因「積錢於官，無渲洩之道」（貨幣未流通）。

三、【解答】　1. 蘇聯【蘇俄、俄國】；

2. (1) 防範共產主義　　(2) 留在這座城市。

【註：此一事件指「柏林危機」】

四、【解答】　1. D；

【註：A是倫敦，B是日內瓦，C是維也納，D是威騰堡——
馬丁路德是日耳曼的神學家，1517年他在日耳曼威
騰堡教堂張貼《九十五條論綱》，發起宗教改革】

2. 「因信稱義」（Justification by Faith）或（因信得救）；

3. 天主教（舊教）；

4. 丁。

【註：甲區日耳曼和北歐地區，為路德派區；乙區英格蘭，
為英國國教派區；丙區西班牙、法國、奧地利、義
大利，是信仰天主教（舊教）區域；丁區瑞士、荷
蘭、蘇格蘭、法國西南部、德國西南部等地方，為
喀爾文派區——臺灣長老教會屬於喀爾文派。】

九十九學年度指定科目考試（歷史）

大考中心公佈答案

題　號	答　　案	題　號	答　　案
1	D	21	B
2	B	22	B
3	B	23	A
4	A	24	C
5	C	25	D
6	A	26	D
7	B	27	C
8	A	28	C
9	B	29	D
10	A	30	D
11	B	31	A
12	C	32	B
13	C	33	C
14	B	34	A
15	D	35	A
16	A	36	A
17	D	37	ACE
18	B	38	BDE
19	D	39	ABC
20	D	40	AB

九十九學年度指定科目考試
各科成績標準一覽表

科　　目	頂　標	前　標	均　標	後　標	底　標
國　文	67	62	54	44	36
英　文	79	69	48	26	13
數學甲	79	65	45	25	14
數學乙	88	78	60	40	22
化　學	68	57	38	21	12
物　理	57	43	24	12	6
生　物	81	73	58	40	28
歷　史	75	68	57	43	31
地　理	63	56	46	34	26
公民與社會	52	44	34	23	16

※ 以上五項標準均取為整數（小數只捨不入），且其計算均不含缺考生之成績，
　計算方式如下：
　頂標：成績位於第 88 百分位數之考生成績。
　前標：成績位於第 75 百分位數之考生成績。
　均標：成績位於第 50 百分位數之考生成績。
　後標：成績位於第 25 百分位數之考生成績。
　底標：成績位於第 12 百分位數之考生成績。

例：　某科之到考考生為 99982 人，則該科五項標準為
　　頂標：成績由低至高排序，取第 87985 名（99982×88%=87984.16，取整數，
　　　　　小數無條件進位）考生的成績，再取整數(小數只捨不入)。
　　前標：成績由低至高排序，取第 74987 名（99982×75%=74986.5，取整數，
　　　　　小數無條件進位）考生的成績，再取整數(小數只捨不入)。
　　均標：成績由低至高排序，取第 49991 名（99982×50%=49991）考生的成績，
　　　　　再取整數(小數只捨不入)。
　　後標：成績由低至高排序，取第 24996 名（99982×25%=24995.5，取整數，
　　　　　小數無條件進位）考生的成績，再取整數(小數只捨不入)。
　　底標：成績由低至高排序，取第 11998 名（99982×12%=11997.84，取整數，
　　　　　小數無條件進位）考生的成績，再取整數(小數只捨不入)。

九十八年大學入學指定科目考試試題
歷史考科

第壹部分：選擇題（佔 80 分）

一、單選題（72 分）

說明： 第 1 至 36 題，每題選出一個最適當的選項，標示在答案卡之
「選擇題答案區」。每題答對得 2 分，答錯或劃記多於一個
選項者倒扣 2/3 分，倒扣至本大題之實得分數為零為止。未
作答者，不給分亦不扣分。

1. 1997 年聯合國環境規劃總署在日本召開會議，提出「京都議定書」
（Kyoto Protocol）獲得各國的響應，但美國卻以妨礙經濟發展為
由，公開拒絕簽署，請問此會議最主要的議題是什麼？
(A) 地球暖化　　　　　　　(B) 臭氧層
(C) 森林砍伐　　　　　　　(D) 廢棄物污染

2. 某一制度有下列特徵：國家以法令規範人民；政府編列戶籍，有
效掌握稅收；官員由中央派任；中央與地方藉文書傳遞訊息。這
些特徵與下列何者有關？
(A) 周公制禮作樂　　　　　(B) 秦漢推行郡縣
(C) 歐洲實施封建　　　　　(D) 印度種姓制度

3. 文人賴雨若回想一場激烈的戰役，寫下：「南陲陸戰未停烽，海
上旋聞警報重；煙鎖基隆橫艦艇，砲轟淡水伏魚龍。」請問該詩
句所指之事為何？
(A) 鴉片戰爭　　　　　　　(B) 牡丹社事件
(C) 中法戰爭　　　　　　　(D) 甲午戰爭

4. 某一作物在明萬曆年間傳入中國，「一畝之收，可敵四十畝。至明末，全國各地到處種植。老壯童稚，婦人女子，無不食用，風俗頓壞。」此作物是？
   (A) 甘薯　　　(B) 煙草　　　(C) 甘蔗　　　(D) 鴉片

5. 甲午戰前，英國在中國的利益遍於南北。甲午戰後，情勢大為不同：東北與長城內外、黃河流域、西南和福建分別為俄、德、法和日本的勢力範圍。此時出現「門戶開放政策」，主張列強開放在中國的勢力範圍，大家利益均霑。請問：此政策由何國提出？實際推動者最可能為何國？
   (A) 美、英　　(B) 美、德　　(C) 俄、英　　(D) 俄、德

6. 有一本茶書在貢茶鼎盛時出版。在此書的序言中提到：本朝建國初期，每年由福建進貢的龍鳳團茶及茶餅，名冠天下。請問這本茶書所敘述的是下列哪一朝代的現象？
   (A) 唐　　　　(B) 宋　　　　(C) 明　　　　(D) 清

7. 在近代亞洲反殖民化運動中，各國領導者大都採「師夷長技以制夷」策略，希望引進西方科技以促成國家現代化。但也有領袖鼓吹回歸傳統價值，拒絕工業發展，主張以自給自足的鄉村社群為基礎來建國。這應是誰的立場？
   (A) 日本的福澤諭吉　　　　(B) 中國的孫中山
   (C) 印度的甘地　　　　　　(D) 土耳其的凱末爾

8. 現代生活中，有不少事物原本出自十九世紀歐洲人的創意，卻在二十世紀的美國變成大眾化消費品，甚至成為美國文化的象徵。下列何者屬之？
   (A) 汽車、電影　　　　　　(B) 報紙、收音機
   (C) 熱狗、麥當勞　　　　　(D) 電腦、手機

9. 「和內地相比，台灣不失為一塊樂土，各方面的情形也都比內地好。台胞的知識水準、守法精神，儉樸耐勞為旅台者所共見。」此段文字的撰寫者應該是：
   (A) 清領末期來台工作的外國商人
   (B) 日治時期奉派來台的日本官員
   (C) 光復初期來台工作的中國記者
   (D) 1970 年代在台就學的香港僑生

10. 十六世紀以後，西印度群島大量生產蔗糖，銷往歐洲各國，成為民生必需品。十九世紀初，歐陸糖價突漲，影響民生至鉅。導致當時糖價上漲的原因為何？
    (A) 鄂圖曼土耳其帝國切斷歐亞交通，造成歐洲蔗糖短缺
    (B) 美國人口大幅成長，蔗糖消耗遽增，使歐洲供應短缺
    (C) 拿破崙戰爭時，英國以海軍封鎖歐陸，蔗糖供應短缺
    (D) 中南美洲尋求獨立時，對歐實施禁運，蔗糖供應短缺

11. 1903 年一位英國記者指出：非洲人完全無法招架白人超強的物質力量，這些力量展現於「三合一」的趨勢上。這位記者所說的「三合一」，除軍事主義外，還有哪兩種主義？
    (A) 帝國主義、資本主義　　(B) 自由主義、保守主義
    (C) 社會主義、重商主義　　(D) 浪漫主義、理性主義

12. 「宇文泰重用蘇綽，制定計賬、戶籍等制度；獎勵清廉，嚴禁貪污，建議裁減官員，進行屯田，又作〈六條詔書〉，宇文泰完全採納，令百官誦習。州刺史郡守縣官不通六條及計賬法，不許做官。西魏政治顯然比東魏政治好一些，＿＿＿＿＿＿。」在空格處，應該接著的是哪句話最為適宜？

(A) 宇文泰選取身體強健的農民組成府兵

(B) 西魏後來成為北周，東魏後來成為北齊

(C) 到孝文帝時進行大規模的華化運動

(D) 宇文氏的政權從此趨於鞏固

13. 荷蘭佔領台灣南部初期的競爭對象有三：西班牙人、日本人、鄭芝龍等漢人海盜與官商。請問荷蘭人對付這三個競爭對手的策略何者為是？

(A) 對三者都是一律逐出　　(B) 對西班牙人逐出

(C) 對鄭芝龍等漢人抽稅　　(D) 對日本人攻擊

14. 宋代以後，出現了自主性的基層組織——宗族，這種組織到了明清時代更為普及。下列何者最能顯示宗族之特徵？

(A) 保甲、團練、鄉約　　(B) 鄉約、保甲、義莊

(C) 團練、祠堂、族譜　　(D) 祠堂、義莊、族譜

15. 十五世紀時梵蒂岡一個圖書管理員說：「過去稀有而索價上百金幣的書籍，現在只要二十金幣，不論古今，罕有人類發明之重要堪以媲美。」「這項神聖的藝術在日耳曼已生根發芽，應移植到羅馬。」這裡說的「發明」是指：

(A) 活字印刷　　　　　　(B) 造紙技術

(C) 裝訂書籍　　　　　　(D) 贊助出版

16. 有一位人士在過世前為自己挑了一塊墓地，表明要在自己的墓碑上寫下「自由中國發行人與中國民主黨籌備委員」字樣，以代表他一生從事過最重要的兩個志業。這位人士是：

(A) 楊逵　　　(B) 胡適　　　(C) 雷震　　　(D) 賴和

17. 羅馬教廷宣示：教宗是普世的教宗，只有教宗能任命主教，廢黜
皇帝；羅馬教會過去沒有犯過錯誤，今後也不會犯錯。這種說法
最可能在何時出現？
(A) 六世紀與拜占庭對抗時　　(B) 十一世紀末政教衝突時
(C) 十六世紀初宗教改革時　　(D) 十八世紀啟蒙運動之時

18. 班固說：「古代天子建國，諸侯立家，從卿大夫到庶人，各有等
差。人們遵奉並服事上級，而在下位的人也不會有踰越的念頭。」
接著又說：「五霸，三王之罪人也；六國，五霸之罪人也；四豪
（信陵君等四公子），又六國之罪人也。」從班固這兩段敘述我
們可以看到怎樣的歷史概念？
(A) 因果概念，夏、商、周與春秋的結束，是由於在下位的人沒
有踰越的念頭
(B) 時序概念，從夏商周到春秋到六國抗秦再到戰國，時間次序
不可變更
(C) 證據概念，三王、五霸、六國、四豪，都是古代人們嚴守身
分等差的事證
(D) 變遷概念，從夏、商、周到戰國後期，呈現逐漸遠離古代理
想的趨勢

19. 英國詩人但尼生在 1847 年寫下一首詩：「男人在戶外，女人在家
裡／男人使劍，女人拿針／男人有腦，女人有心／男人發號施令，
女人順從遵行／若不如此，混亂必行」這首詩反映出十九世紀中
葉的哪一種觀點：
(A) 下層階級因經濟改善，主張女性不必外出工作，可以賦閒在家
(B) 平民階層因工業革命後工作機會大減，主張女性應該在家工作
(C) 中產階級主張女性不應該外出工作，認為男、女內外必須有別
(D) 婦女階層因性別意識高漲，主張女性不需負起家庭經濟的重擔

20. 下表是和日治時期台灣有關的一項統計數字，請問表中的間數、
    人數、比率分別指的是：

    (A) 派出所、警察、控制
    　　台灣村庄
    (B) 製糖廠、蔗工、佔日
    　　本進口糖
    (C) 公學校、兒童、學齡
    　　兒童就學
    (D) 火車站、旅客、鐵路到
    　　達地方

年度	間數	人數	比率（％）
1917	327	88,099	13.14
1922	592	195,783	28.82
1937	789	457,165	46.69
1942	879	745,638	64.81

21. 俄國人喜歡用不同的地名來反映政治情勢的改變，下列是同一城
    市的不同地名，請依時序選出正確的排列。
    (A) 聖彼得堡—彼得格勒—列寧格勒—聖彼得堡
    (B) 聖彼得堡—列寧格勒—史達林格勒—聖彼德堡
    (C) 彼得格勒—列寧格勒—史達林格勒—彼得格勒
    (D) 彼得格勒—聖彼得堡—列寧格勒—彼得格勒

22. 從魏晉南北朝時期起，中國醫書對瘧疾的記載較多且有相當清楚
    的認識。出現這種醫學知識的主要背景為何？
    (A) 三國以來，中印雙方來往頻繁，行商客旅將瘧疾傳入中國
    (B) 西晉末年，華北居民大量南徙，在濕熱環境中感染者日眾
    (C) 南北朝時，南北往來頻繁，游牧民族免疫力弱，感染者眾
    (D) 北朝之時，胡族入居中原，將北亞草原特殊疾病傳入中國

23. 兩位清朝官員談到台灣的械鬥。熊一本說：「兩類肇端，每在連
    塍（土溝）爭水、強割佔耕、毫釐口角，致成大峁。」福康安說：

「因閩庄、粤庄彼此交錯，田業毗連，遂有構衅相爭之事。」就兩人的說法來看，分類械鬥的起因是：

(A) 利益競爭　　　　　　(B) 習慣不同
(C) 官員放縱　　　　　　(D) 語言隔閡

24. 新加坡獨立時，李光耀公開聲明：「我們不是華僑，我們只是華裔，這一點無人可以更改。中國是中國，我們是我們。」此句話主要的用意為何？

(A) 中國的施壓引起新加坡人極度的不滿，想撇清與中國的關係
(B) 新加坡長期受到英國的統治，因英國的施壓不得不做此聲明
(C) 新加坡華人經過英國長時期統治，已喪失對中國文化的認同
(D) 適應新加坡的民族與政治情勢，去除印度人與馬來人的疑慮

25. 下列兩段文字，見於何書？（甲）忽報孔明遣人送書至，周瑜覽畢，長歎一聲，昏絕，徐徐又醒，仰天長嘆曰：「既生瑜，何生亮？」連叫數聲而亡。（乙）周瑜還江陵，為行裝，而道於巴陵病逝，時年三十六，權素服舉哀，感動左右。

(A) 甲、乙皆見於《三國演義》
(B) 甲見於《三國演義》，乙見於《三國志》
(C) 甲、乙皆見於《三國志》
(D) 甲見於《三國志》，乙見於《三國演義》

26. 下列有關佛教和基督教發展史的敘述，哪一項是合理的？

(A) 兩者都有濃厚的民族色彩
(B) 兩者都強調信仰與道德的結合
(C) 兩者都創始於「哲學的突破」時代
(D) 兩者都主張一神論

27. 十二世紀時一位法蘭西的農民平日生活窮困，也從未離開過自己的家園。但有一天，這位農民卻毅然將自己的家當全部變賣，甚至低價出售，只為了籌措出外的旅費。請問這位農民離家最可能的目的是什麼？
   (A) 參與英、法百年戰爭　　　(B) 參加十字軍東征
   (C) 躲避黑死病的肆虐　　　　(D) 加入新興的海上探險活動

28. 下表為 1995 年台灣四個縣某一原住民族群的人數，以及所佔該族群全台總人數的百分比，請問它應該屬於哪一族的原住民？

台北縣	新竹縣	苗栗縣	台中縣
450(9.6%)	1380(29.4%)	1939(41.4%)	123(2.7%)

   (A) 泰雅族　　(B) 布農族　　(C) 賽夏族　　(D) 排灣族

29. 「政府管制外匯、黃金，以平抑物價。1942 年，發行一億美金公債，每一美元定價法幣 20 元，不久黑市高至法幣 450 元，但有關人士，仍可按官價購進，大獲暴利。1943 至 1945 年之間，政府拋售黃金，1944 年至 1945 年，舉辦黃金存款，利益多落入大戶之手。」這段敘述最可能和下列哪一議題有關？
   (A) 抗戰後期政府經濟政策與實施情形
   (B) 抗戰期間美元與法幣的匯率變化
   (C) 抗戰後期政府對銀行、金店、大戶的控制
   (D) 抗戰期間政府放任黃金的買賣

30. 1934 年《食貨半月刊》創刊，其〈編輯的話〉指出：「史學雖不是史料的單純排列，史學卻離不開史料。理論雖不是史料的單純排列可以產生，理論並不是原形一擺，就算成功了的。中國社會

史的理論鬥爭，總算熱鬧過了。但是如不經一番史料的搜求，特殊問題的提出和解決，那進一步的理論爭鬥，斷斷是不能出現的。」這位編輯要表達的是：

(A) 史學研究即是史料學　　　(B) 史料學可以取代理論

(C) 理論無益於史學研究　　　(D) 理論建構離不開史料

31. 施琅在〈恭陳台灣棄留疏〉中提及：「且海氛既靖，內地溢設之官兵，盡可陸續汰減，以之分防台灣、澎湖兩處。台灣設總兵一員……又無添兵增餉之費。其防守總兵、副、參、游等官，定以三年或二年轉陞內地，無致久任，永爲成例。」請問施琅這個建議後來演變成：

(A) 渡台禁令　　　(B) 團練制度

(C) 班兵制度　　　(D) 保甲制度

32. 藝術史課堂上，老師在解說一幅宗教壁畫：「在這幅聖像中，人們幾乎看不到寫實主義的婦女與嬰兒形象，也感受不到自然主義的人類感情；圖畫本身缺乏合理的佈局與比例，古典藝術的和諧與眞實情感消失了。畫家用簡潔的線條和對比強烈的色彩，以突出聖母的扭曲形象，欲透過帶有特殊含意的線條和色彩，來表達重要的神學思想。」這應是何者的藝術風格？

(A) 古典時期的雅典　　　(B) 中古時代的拜占庭

(C) 文藝復興的義大利　　　(D) 啓蒙運動時的巴黎

33. 在一場災難過後，幾位學者對歐洲前途發出這樣的感歎。學者甲說：「我們這個時代的現實：歐洲之沒落。」學者乙說：「歐洲已進入了艱困的時代。」學者丙說：「我們歐洲的命運只能這樣。」這些學者應是爲何而擔憂？

(A) 宗教改革後，羅馬教會學者對歐洲陷入信仰分裂感到憂心

(B) 法國大革命期間，歐洲保守派對革命運動的傳播深感不安

(C) 第一次世界大戰後，知識份子對歐洲文明的前途失去信心

(D) 冷戰期間，西歐學者對於亞洲新興勢力的崛起，甚為疑慮

34. 下列四段有關中共對知識分子思想鬥爭的敘述，請按合於邏輯的次序加以排列。（甲）當時毛澤東正想找理由掀起批判胡適的運動，這個事件正好提供引爆點，毛澤東說俞平伯販賣胡適思想；（乙）俞平伯是胡適考證《紅樓夢》的嫡傳弟子，認為《紅樓夢》是曹雪芹自傳，並從此一觀點考證《紅樓夢》；（丙）霎時之間，全國報章雜誌都是批判胡適的文章，由文藝而擴及哲學、歷史等範圍，歷時長達一年之久；（丁）引起兩位不知名的山東作家的批評，說他的考證方法，是「資產階級的唯心論」，目的在隱晦《紅樓夢》批判封建主義的性格。

(A) 甲乙丙丁   (B) 甲丙乙丁

(C) 乙甲丙丁   (D) 乙丁甲丙

35. 啟蒙哲士伏爾泰談到「誰是最偉大的人」時說：真正偉大的人不是凱撒、亞歷山大，這個人必須獲得上天賦予的天分，並以此照亮人們的心智。政治和軍事家奴役生靈，這個人則以真理的力量引領我們的心；他瞭解宇宙，而不是摧毀宇宙。伏爾泰所推崇的這個人是：

(A) 哥倫布   (B) 哥德   (C) 盧梭   (D) 牛頓

36. 甲書說：「宗教改革的主因是羅馬教會本身的腐化。」乙書說：「宗教改革起於馬丁路德在 1517 年公開批評天主教會的腐化。」以下哪個敘述較為合理：

(A) 甲著眼於遠因，乙著眼於近因

(B) 甲著眼於導火線因素，乙著眼於背景因素

(C) 甲著眼於個人因素，乙著眼於制度性因素

(D) 甲著眼於表層因素，乙著眼於深層因素

二、多選題（8分）

說明：第37至40題，每題各有5個選項，其中至少有一個是正確
的。選出正確選項，標示在答案卡之「選擇題答案區」。每
題2分，各選項獨立計分，每答對一個選項，可得0.4分，
每答錯一個選項，倒扣0.4分，完全答對得2分，整題未作
答者，不給分亦不扣分。在備答選項以外之區域劃記，一律
倒扣0.4分。倒扣到本大題之實得分數為零為止。

37. 「鄭成功」，一個幾乎神化的英雄，其事蹟不同時代強調之處有
所不同，下列哪些解釋是合理的？

(A) 為感謝鄭氏收復失土，清領初期官方文獻都稱鄭氏為「民族
英雄」

(B) 牡丹社事件後，沈葆楨奏請建「延平郡王祠」，表彰鄭氏的
「忠君」

(C) 孫中山推行革命，以鄭氏的「反清復明」來呼應他的「驅除
韃虜」

(D) 國府遷台後，國民黨推崇鄭氏的「反清復明」，希望能「反
攻大陸」

(E) 中共初期強調鄭氏「抗荷」的角色，希望能「抗美帝」以「解
放台灣」

38. 馮道是五代名臣，作〈長樂老自敘〉，敘述歷事四朝及契丹所得
的階勳官爵以為榮，自謂為臣為子為父為師，都無愧色。後人對

他有些意見，如甲：「他的道德如同古代聖賢，才能很高，氣量很大，雖然朝代改變，大家對他均無批評。」乙：「我讀馮道的〈自敘〉，看他所說的光榮，眞可以說是無廉恥的人，天下國家也就可想而知了。」丙：「馮道的行爲，很有古人風範；馮道的氣量，深得大臣的體要。」在下列敘述中，選出適當者。

(A) 三種敘述，評價相同，都是讚揚

(B) 甲是批評，丙是事實描述

(C) 乙是讚揚，丙是嚴厲批評

(D) 甲是稱讚，乙是嚴厲批評

(E) 觀點不同，評價有異，馮道即是一例

39. 一位羅馬作家對時局有這樣的評論：「帝國之內一片昇平，官員的名號一如往昔。年輕一代曾目睹共和昔日面目者少之又少！」「國家已經脫胎換骨，昔日優美的道德已一絲不存。平等遭到剝奪，所有人都一股腦兒，仰望聽命於第一公民一人。」我們如何解讀這份資料？

(A) 這位作家遭逢從「共和」到「帝制」的轉變

(B) 這位作家口中的「第一公民」指的就是凱撒

(C) 「第一公民」與「奧古斯都」字義並無不同

(D) 「昔日優美道德」是指羅馬的傳統公民精神

(E) 從作家的言論推測，他應是一位共和主義者

40. 三位史家解釋西元七、八世紀阿拉伯帝國的擴張。史家甲：「阿拉伯人朝向單一目標：征服世界，使所有人皈依伊斯蘭教。」史家乙：「穆斯林社區的統一可藉由對外攻擊而獲得維持，這也會提升哈里發的權威。」史家丙：「一開始的大征服並非伊斯蘭的擴張，而是阿拉伯民族的擴張。」以下何者爲是：

(A) 甲不同意宗教性因素　　(B) 乙強調是政治性因素
(C) 丙不同意甲的解釋　　　(D) 丙著眼於宗教性因素
(E) 甲和乙的說法沒有差別

第貳部分：非選擇題（佔 20 分）

說明：本大題共有 4 題，答案務必寫在「答案卷」上，並於題號欄標明題號（一、二、三、四）與子題號（1a、1b、…）。請依子題號作答，未標明題號或答錯題號者均不計分。每題配分標於題末。

一、一位史家的筆記本記載下列四則史料，請閱讀後回答相關問題：

甲：「台灣的鄉土文學應該有一個前提條件：那便是應該是以台灣為中心寫出來的東西。」

乙：「人們很容易地，就可以從這些以鄉村社會和鄉村人物為題材的小說中，滿足他們民族主義和社會意識的感情。」

丙：「回歸什麼樣的鄉土？廣義的鄉土民族觀抑或狹猛的鄉土地域觀？」

丁：「在這片曾被日本佔據經營了半個世紀的鄉土，其對民族文化的忠誠度和精純度如何？」

請問：

1a. 這四則史料都在討論一個相關的課題，請問此課題所指為何？（2分）

1b. 丙、丁史料的論述者是站在什麼立場質疑甲、乙史料的論述者？（2分）

1c. 請各舉一位代表甲、乙及丙、丁史料的論述者直接有關的當事人。（2分）

二、資料一：有一位現代知名的史學家說，漢代「吏道」有兩個不
　　　　　　同觀點：（1）主要功能只是奉行「律令」。（2）強
　　　　　　調「化民成俗」為重要任務。
　　　資料二：此學者又提及西漢晚期的一部小學教科書《急救篇》
　　　　　　中說做官為吏必讀典籍的次序是：《詩經》、《孝經》、
　　　　　　《論語》、《春秋》、《尚書》、「律令文」。請問：
　　2a. 兩種「吏道」的學術淵源各起於何家思想？（2分）
　　2b. 依據資料二可以判斷此知名學者認為《急救篇》反映出德治
　　　　在前，刑治在後，你認為此學者所持的理由為何？（4分）

三、右表是 1789 年與 1802 年間，法國「北方省」四個不同社會階
　　層擁有土地百分比的變化狀況。
　　這四個社會階層包括貴族、教
　　士、農民與中產階級。請回答
　　下列問題：
　　3a. 表中的「甲」最有可能表示
　　　　哪一個社會階層？（2分）
　　3b. 此階層的土地所有權何以會
　　　　發生這樣的變化？（2分）

階層	1789 年	1802 年
甲	20	0
乙	22	12
丙	16	28
丁	30	42

四、一份伊斯蘭的史料談到一種軍事制度：「下令各鄉，徵集大約一
　　千名異教徒孩子，以儲備軍團的方式，教以紀律、訓練成人。他
　　們一直為侍奉一神者效力，忠誠地執行其職責與服務。」又說：
　　「這些勇士在戰場上，戰技如此純熟，古聖先王得其協助，聲望
　　日隆。他們也因勞苦功高，晉升到卓越的等級。」
　　請問：
　　4a. 這是哪一個帝國的軍事制度？（2分）
　　4b. 文中「異教徒」指的是哪一個宗教？（2分）

九十八年度指定科目考試歷史科試題詳解

第壹部分：選擇題

一、單選題

1. **A**

【解析】 (A) 全球氣候暖化應與「溫室效應」（Green—house Effect）有關。工業革命以來，人類燃燒煤與石油等化石燃料，排放溫室氣體（Greenhouse Gases），包括大氣中的水蒸氣、二氧化碳及氟氯碳化物等，這些氣體超過地球的自然吸收能力，遂累積在大氣中；二氧化碳等會吸收地球的紅外線，產生熱量，造成溫室效應，會造成暖化；1997 年聯合國又在日本京都召集會議，制訂『京都議定書』（Kyoto Protocol）提出「共同減量」計畫及「排放權交易」制度等，『京都議定書』對溫室氣體排放的限制，將衝擊到各國的能源與產業政策，有些重要工業國家，如美國等不願簽字接受規範。

2. **B**

【解析】 (A) 周公東征後，制禮作樂，強調「等級差異」與「身分相稱」，不同等級的貴族，禮儀等不得逾越；制禮與作樂一體兩面，都有維護身分等級的積極意義，以維繫封建制度和宗法制度的和諧；

(C) 歐洲封建制度建立在土地的分封與承受上，分封土地給人者稱領主（lord），得到土地者稱附庸，附庸

可將土地再分封給自己的下屬；領主與附庸之間有
一定的權利和義務，領主要保護附庸的安全，附庸
要對領主提供軍事效忠、經濟支援；

(D) 印度阿利安人為防止與被征服者的血統相混，並謀
統治上的方便，創立種姓制度，將社會上的人分為
四個階級：第一階級是僧侶，稱為婆羅門；第二階
級是國王、武士等貴族，稱為剎帝利；第三階段是
從事農、工、商等業的平民，稱為吠舍；第四階級
是奴隸，稱為「首陀羅」，階級之間有許多限制，
不同階級的人不可通婚、不可同桌共食；印度職業
固定世襲，階級不可變動。

3. **C**

　　【解析】　(C) 清末戰爭只有中（清）法戰爭劉銘傳等的部將在基
隆、淡水等地與法軍對抗，故有「煙鎖基隆橫艦艇，
砲轟淡水伏魚龍」的詩句。

4. **B**

　　【解析】　(B) 地理大發現（明代中葉）後，中國從美洲傳入「甘
藷、玉米、馬鈴薯、花生、煙草」等作物；食用會
使「風俗頓壞」的當然是「煙草」。

5. **A**

　　【解析】　(A) 清末甲午戰後中國敗給日本，列強加緊侵略，形成
瓜分危機，中國有亡國滅種之可能，英國提出「門
戶開放政策」，實際推動者是美國，主張列強開放
在中國的勢力範圍，使中國暫免被瓜分之禍。

6. **B**

　【解析】(B) 宋朝貢茶鼎盛，每年由福建進貢的龍鳳團茶及茶
　　　　　　餅，名冠天下。

7. **C**

　【解析】(C) 甘地在領導印度爭取獨立的過程中，所採取的手段
　　　　　　是非暴力的「不合作運動」，除爭取獨立外，甘地
　　　　　　一生努力於賤民解放運動，並致力於印度教徒與伊
　　　　　　斯蘭教徒和平共治印度的政治理想，贏得「聖雄」
　　　　　　美譽；「不合作運動」的內涵：包括抵制英國商品、
　　　　　　不接受英國教育、不將錢存在英國銀行、不在英國
　　　　　　政府工作、拒絕繳稅等，這些主張，獲得印度社會
　　　　　　各階層廣泛響應。

8. **A**

　【解析】(A) 汽車：汽車技術史上一般以德國人戴姆勒（G.
　　　　　　Daimler）和卡爾・本茨（Karl Friedrich Benz）兩
　　　　　　人作為眾多汽車發明人的代表，並且把 1885 年或
　　　　　　1886 年作為汽車誕生的年份；1895 年法國盧米埃
　　　　　　兄弟（Lumie're）在巴黎放映「從盧米埃工廠下班
　　　　　　的工人」，是世界上第一部電影──是十九世紀歐
　　　　　　洲人的創意；

　　　　　(B) 報紙──中國最早的報紙是漢代的『邸報』是世界
　　　　　　最早的印刷報紙；收音機── 1920 年美國匹茲堡
　　　　　　西屋公司（Westinghouse Corporation）成立 KDKA
　　　　　　電臺，進入無線電廣播的時代；

(C) 西元 1940 年：Richard "Dick" J. McDonald 與 Maurice "Mac" McDonald 兄弟在美國加利福尼亞州的聖貝納迪諾創立了「Dick and Mac McDonald」餐廳，這是今日麥當勞餐廳的創立；

(D) 1940 年代出現電腦；1979 年 AT&T 在芝加哥地區實驗行動電話系統，行動電話（俗稱大哥大、手機）正式上市。

9. **C**

【解析】(C) 民國 35、36 年光復初期來台工作的中國記者發現「和內地相比，台灣不失爲一塊樂土，各方面的情形也都比內地好。台胞的知識水準、守法精神，儉樸耐勞爲旅台者所共見。」，後來來台中國人和台灣人生活差異，對彼此的期許和認知嚴重隔閡，加上國民政府施政失當，接收人員良莠不齊，加上經濟管制、文化隔閡，台灣人期望變爲失望，終於爆發民國 36 年「二二八事件」。

10. **C**

【解析】(A) 鄂圖曼土耳其帝國切斷歐亞交通時間約在 15、16 世紀，不是十九世紀初；

(B) 十九世紀初美國人口未大幅成長；

(C) 拿破崙爲使英國屈服，1806 年強迫歐陸各國加入「大陸組織」（Continental System），對英實施經濟封鎖，使蔗糖供應短缺；

(D) 中南美洲尋求獨立時，未對歐實施禁運。

11. **A**

【解析】 (A)「帝國主義」、「資本主義」結合「軍事主義」成
為「三合一」侵略弱國的邪惡力量；

(B) 自由主義；

(C) 社會主義；

(D) 理性主義較不會欺侮別的國家或地區。

12. **D**

【解析】 (A) 宇文泰將關中地區的六鎮軍人編成六軍，組成府
兵；

(B) 太突兀；

(C) 北魏孝文帝卒後，北魏開始衰，後北魏分裂成東
魏與西魏，西魏後來成為北周，東魏後來成為北
齊，北周滅北齊結束北方的長期分裂，北周後被
外戚漢人隋文帝楊堅所篡，結束自五胡亂華以來
魏晉南北朝近三百年分裂之局（304–589年）。

13. **B**

【解析】 (B) 荷蘭對於西班牙人企圖將之逐出臺灣；

(C) 荷蘭對日本人的辦法是抽稅，為此曾引起濱田彌
兵衛事件；

(D) 荷蘭對鄭芝龍等漢人海盜、官商，則視情況合作
或攻擊，曾與鄭芝龍所率領的明朝軍隊爆發料羅
灣海戰。

14. **D**

【解析】 (A)(B)(C) 保甲——王安石創，以「十家為一保，五十
家為一大保，十大保為一都保，選一家兩丁以上為之
謂之保丁。」負責匪盜之討平和煙火的防範；鄉約
——呂大鈞創，是一種地方上自動自發的組織，目的
是為了提倡倫理道德、推廣地方教育、促進社會交流
及民間經濟合作；團練——清朝時期的地方民兵制度，
在鄉間的民兵，亦稱鄉兵，這三種與宗族關係不如祠堂、
義莊、族譜密切。

15. **A**

【解析】 (A) 十五世紀時，日耳曼谷騰堡（J. Gutenberg）首先使
用金屬活字印刷術，他用活字版印製聖經，是西方
現存最古老的活字印刷品；活字排版印刷對西方近
代文明產生關鍵性作用，因而稱為「谷騰堡革命」
（The Gutenberg Revolution）。

16. **C**

【解析】 (C) 雷震創辦『自由中國』雜誌，宣揚自由、民主等理
念，更籌組「中國民主黨」，民國 49 年雷震等人以
叛亂罪名被捕，謂之「雷震事件」。

17. **B**

【解析】 (B) 十一世紀開始，為遏止教會的腐敗，重建教會的獨
立地位，基督教會發動一連串的改革運動，最主要
的是確立教宗的選舉法，改由人數固定的樞機主教
團選出；並宣示教宗是普世的教宗，只有教宗能任
命主教，廢黜皇帝。

18. **D**

　【解析】(A) 未提到夏、商、西周的結束，是由於在下位的人沒有踰越的念頭，只提到五霸、六國、四豪是罪人；

　　　　　(B) 未提到從夏商周到春秋到六國抗秦再到戰國的時序不可變；

　　　　　(C) 三王、五霸、六國、四豪，都是古代不嚴守身分等差的罪人。

19. **C**

　【解析】(C) 十九世紀中葉工業革命後出現許多中產階級，中產階級充滿自信，主張女性不應該外出工作，認為男、女內外必須有別，才有這一首詩。

20. **C**

　【解析】(A) 派出所、警察、控制台灣村庄，表中比例太少；

　　　　　(B) 製糖廠、蔗工、佔日本進口糖，增加速度太快；

　　　　　(D) 火車站、旅客、鐵路到達地方，增加速度太快。

21. **A**

　【解析】(A) 「聖彼得堡」是 1703 年俄國沙皇彼得一世下令建造，城名譯自德文「Sankt Peterburg」，「聖彼得堡」為沙俄帝國首都；1914 年第一次世界大戰爆發後，俄國出現反德情緒，沙皇政府將「聖彼得堡」改名為「彼得格勒」；蘇聯時期於 1924 年列寧逝世後，為紀念列寧於十月革命時曾於該市發動革命，將「彼得格勒」改為「列寧格勒」；1991 年蘇聯解體後，市民投票，恢復「聖彼得堡」的舊名。

22. **B**

【解析】 (B) 瘧疾主要存在熱帶和亞熱帶地區，如非洲中部、南亞、東南亞及南美北部，又以非洲的疫情最甚，中國瘧疾主要的流行地帶為華中華南的叢林多山地區，可知「華北居民大量南徙，在濕熱環境中感染者日眾」；不是行商客旅將瘧疾傳入中國、游牧民族免疫力弱、將北亞草原特殊疾病傳入中國等。

23. **A**

【解析】 (A) 分類械鬥：台灣各人群常發生集體爭鬥，謂之「分類械鬥」，起因含 ① 經濟因素：移墾社會競爭相當激烈，常為爭奪田地水源，發生私鬥、② 社會因素：臺灣游民不少，加上籍貫及語言差異、生活不同釀禍、③ 政治因素：行政區遼闊，官方管轄鞭長莫及，加上官員貪贓枉法等，由文中有「每在連塍（土溝）爭水、強割佔耕、毫釐口角，致成大衅」、「田業毗連，遂有構衅相爭之事」，可知是利益競爭。

24. **D**

【解析】 新加坡 1965 年脫離馬來西亞聯邦而獨立，

(A) 中國施壓不可能；

(B) 英國不可能施壓；

(C) 新加坡華人未喪失對中國文化的認同。

25. **B**

【解析】　(B) 羅貫中《三國演義》文白夾雜；陳壽《三國志》
　　　　　　屬正史之一，文筆精練，用古文書寫，風格自然
　　　　　　與《三國演義》不同。

26. **B**

【解析】　(A) 猶太教有濃厚的民族色彩；

　　　　　(C) 西元前六世紀至前五世紀歐亞發生「思想史上的革
　　　　　　命」，或「哲學的突破」，佛教創立於西元前六世紀，
　　　　　　基督教創立於西元一世紀；

　　　　　(D) 佛教不主張一神論，猶太教、基督教、回教等屬於
　　　　　　一神教，希臘化宗教傾向一神論。

27. **B**

【解析】　(A) 英法百年戰爭（The Hundred Years' War）發生於
　　　　　　1337-1453年；

　　　　　(C) 黑死病的肆虐主要在十四世紀；

　　　　　(D) 新興的海上探險活動主要在十五世紀。

28. **C**

【解析】　(A) 泰雅族人口分佈以花蓮秀林鄉最多，尚有南投仁愛
　　　　　　鄉、新竹尖石鄉、桃園復興鄉、花蓮縣萬榮鄉、宜
　　　　　　蘭縣南澳鄉，總人口數約七萬多人；

　　　　　(B) 布農族分佈在埔里以南的中央山脈及其東側，直到
　　　　　　知本主山以北的山地，以南投縣信義鄉最多、其次
　　　　　　為花蓮卓溪鄉、高雄縣桃園鄉、台東縣海端鄉，總
　　　　　　人口數約四萬多人；

(C) 賽夏族分佈在新竹、苗栗兩縣交界的山區，和泰雅
族毗鄰而居，總人口約五千人左右；

(D) 排灣族人口集中屏東縣，台東縣等行政區也都是排
灣族分佈地，總人口數約七萬餘人。

29. **A**

【解析】 (A) 這段敘述含管制外匯、黃金等，期間從 1942 年到
1945 年間屬於抗戰後期(抗戰 8 年：1937–1945 年)，
故議題與「抗戰後期政府經濟政策與實施情形」有
關；

(B) 時間內容不太吻合；

(C) 未能控制；

(D) 不純講黃金的買賣。

30. **D**

【解析】 (D) 由「史學卻離不開史料」、「如不經一番史料的搜求，
特殊問題的提出和解決，那進一步的理論爭鬥，斷
斷是不能出現的」，可知「理論建構離不開史料」；

(A) (B) (C)「理論雖不是史料的單純排列可以產生」，可
知「史學研究即是史料學」或「史料學可以取代理論」、
「理論無益於史學研究」等皆是錯誤的。

31. **C**

【解析】 (C)「班兵制度」：所有的兵員都由中國抽調而來，每
三年按班抽調，輪流戍守；不准就地推補，更不准
攜眷來臺；

(A) 渡台禁令含移民三禁：① 渡台須申請許可證 ② 不
准攜眷 ③ 粵人不准來台，另其他禁令如刀槍管制、
台人不得入伍、不得築城（林爽文亂後才築城）、
不准漢番通婚、班兵制度等；

(B) 團練制度、

(D) 保甲制度參見 14 提詳解。

32. B

【解析】(A) 古典時期、

(C) 文藝復興時期、

(D) 啟蒙運動時藝術風格不會「圖畫本身缺乏合理的佈
局與比例，古典藝術的和諧與真實情感消失」。

33. C

【解析】(C) 德國史家史賓格勒（Oswald Spengler，1880－1936）
寫作『西方的沒落』（The Decline of the West），適
逢第一次世界大戰，對西方文化出反省和思考，他
認為西方的文化，已經渡過創造輝煌的時代，而進
入反省的時代，西方文化已經完成自我任務，走向
沒落和衰亡。

34. D

【解析】(D) 先由俞平伯的文章，引出兩位山東作家的批評，接
著這個事件正好提供引爆點，霎時間，全國報章雜
誌都是批判胡適的文章。

35. **D**

【解析】 (D) 由「他瞭解宇宙，而不是摧毀宇宙」，可知爲牛頓，因其他人不是天文物理學家。

36. **A**

【解析】 (A) 歷史事件發生可分爲遠因（背景因素）和近因（又稱導火線）等因素，由敘述可知甲著眼於遠因，乙著眼於近因；

(C) 甲著眼於制度性因素，乙著眼於個人因素；

(D) 甲著眼於深層因素，乙著眼於表層因素。

二、多選題

37. **BCDE**

【解析】 (A) 清領初期官方文獻都稱鄭氏爲「鄭寇」等，康熙、雍正等詔書開始都不認爲台灣是中國的，故不會感謝鄭氏收復失土，反而認爲鄭成功等是叛逆。

38. **DE**

【解析】 (A)(B)(C) 甲、丙是稱讚，乙是嚴厲批評。

39. **ADE**

【解析】 (B) 羅馬共和時期，內戰頻繁，後來屋大維（Gaius Octavius）掃蕩群雄，成爲國家唯一的最高領導人，屋大維爲避免遭到和凱撒同樣的命運，堅決不要「皇帝」這個稱號，公元前 23 年接受「第一公民」的稱號，也就是元首的意思；

(C) 公元前 27 年，屋大維接受元老院授給他的「奧
古斯都」（Augustus）的稱號，「奧古斯都」有神
聖、至尊的意思，實際上，屋大維是沒有「皇帝」
稱號的第一個羅馬皇帝。

40. **BC**

【解析】(A) 甲同意宗教性因素；

(D) 丙著眼於非宗教性因素；

(E) 甲和乙的說法差別很大，甲強調「皈依伊斯蘭教」，
乙強調「提升哈里發的權威」。

第貳部分：非選擇題

1. 【解答】 1a. 台灣鄉土文學論戰

1b. 中國文化本位（反共文學派）

1c. 甲、乙：尉天驄、王拓、黃春明等；

丙、丁：彭歌、余光中等

2. 【解答】 2a. 法家、儒家

2b. 必讀典籍的次序先是儒家的經典——《詩經》、
《孝經》、《論語》、《春秋》、《尚書》，再來才是
「律令文」

3. 【解答】 3a. 教士

3b. 法國大革命期間，政府沒收教會財產，清還國債

4. 【解答】 4a. 鄂圖曼土耳其帝國

4b. 基督教

九十八學年度指定科目考試（歷史）
大考中心公佈答案

題　號	答　　案	題　號	答　　案
1	A	21	A
2	B	22	B
3	C	23	A
4	B	24	D
5	A	25	B
6	B	26	B
7	C	27	B
8	A	28	C
9	C	29	A
10	C	30	D
11	A	31	C
12	D	32	B
13	B	33	C
14	D	34	D
15	A	35	D
16	C	36	A
17	B	37	BCDE
18	D	38	DE
19	C	39	ADE
20	C	40	BC

九十八學年度指定科目考試
各科成績標準一覽表

科　目	頂　標	前　標	均　標	後　標	底　標
國　文	65	60	51	42	34
英　文	74	63	44	24	12
數學甲	74	59	38	20	10
數學乙	66	55	39	24	15
化　學	73	62	44	26	16
物　理	72	59	40	22	12
生　物	79	70	56	42	32
歷　史	68	61	52	39	29
地　理	67	62	52	41	30
公民與社會	73	65	52	39	30

※ 以上五項標準均取為整數（小數只捨不入），且其計算均不含缺考生之成績，
　計算方式如下：

頂標：成績位於第 88 百分位數之考生成績。
前標：成績位於第 75 百分位數之考生成績。
均標：成績位於第 50 百分位數之考生成績。
後標：成績位於第 25 百分位數之考生成績。
底標：成績位於第 12 百分位數之考生成績。

例：某科之到考考生為 99982 人，則該科五項標準為

　頂標：成績由低至高排序，取第 87985 名（99982×88%=87984.16，取整數，
　　　　小數無條件進位）考生的成績，再取整數（小數只捨不入）。

　前標：成績由低至高排序，取第 74987 名（99982×75%=74986.5，取整數，
　　　　小數無條件進位）考生的成績，再取整數（小數只捨不入）。

　均標：成績由低至高排序，取第 49991 名（99982×50%=49991）考生的成績，
　　　　再取整數（小數只捨不入）。

　後標：成績由低至高排序，取第 24996 名（99982×25%=24995.5，取整數，
　　　　小數無條件進位）考生的成績，再取整數（小數只捨不入）。

　底標：成績由低至高排序，取第 11998 名（99982×12%=11997.84，取整數，
　　　　小數無條件進位）考生的成績，再取整數（小數只捨不入）。

九十七年大學入學指定科目考試試題
歷史考科

第壹部分：選擇題（佔 80 分）

一、單選題（72 分）

說明：第 1 至 36 題，每題選出一個最適當的選項，標示在答案卡之
　　　「選擇題答案區」。每題答對得 2 分，答錯或劃記多於一個
　　　選項者倒扣 2/3 分，倒扣至本大題之實得分數為零為止。未
　　　作答者，不給分亦不扣分。

1. 1935 年，墨索里尼出兵佔領衣索匹亞，消息立刻傳遍義大利。
　 當時民眾最可能透過哪一種媒體，即時獲得此一訊息？
　 (A) 報紙　　　　　　　　(B) 網路
　 (C) 電視　　　　　　　　(D) 廣播

2. 在一份官文書中提到「（本藩）已手闢草昧，與爾文武各官，
　 及各鎮大小將領，官兵家眷，盡來胥宇，總必創建田宅等項，
　 以遺子孫計。但一勞永逸，當以己力經營，不准混侵土民及百
　 姓現耕物業。茲將條開列於後，咸使遵依。如有違越，法在必
　 究，著戶官刻板頒行。」請問這份資料是誰提出來的？主要是
　 實施哪項政策？
　 (A) 鄭成功到台灣後，為了要解決軍民糧食問題所發的文書
　 (B) 施琅平定台灣後，為了解決駐台官兵糧食問題發的文書
　 (C) 沈葆楨為推動新政建設，鼓勵官兵開墾土地所發的文書
　 (D) 劉銘傳於台灣建省後，鼓勵開墾，並保障原住民的地權

3. 荷蘭聯合東印度公司曾於 1624 到 1662 年間占領台灣，建立殖民政權。1662 年，鄭成功才驅逐荷蘭人，建立明鄭政權。這兩個政權經營台灣時，有何相似之處？
   (A) 為解決糧食不足的問題，均將土地收歸公有
   (B) 均對原住民採安撫政策，不採武力征服策略
   (C) 均重視對外貿易，尤其對日本、南洋之貿易
   (D) 為充裕府庫，均在台灣各地開港，並抽重稅

4. 某一時期，一群青年在全台各地舉辦講習會，推廣法律、衛生等觀念，也用戲劇、電影、音樂會等方式傳播新知。這是下列哪個時期的活動？
   (A) 1900 年代日本慶祝在台始政，組織青年服務隊，以推廣新知，改善陋習
   (B) 1920 年代台籍知識份子成立的台灣文化協會，積極從事文化的啟蒙工作
   (C) 1960 年代青年反共救國團，因中共文化大革命，發起中華文化復興運動
   (D) 1990 年代青年受天安門事件的影響，發動野百合學運從事社會改革運動

5. 右圖是一幅根據國際貿易比重為指標所繪製的變形東亞地圖。這幅圖反映的應為哪一段時間的情況？
   (A) 1950 年代初期
   (B) 1960 年代中期
   (C) 1980 年代初期
   (D) 1990 年代後期

6. 一位作家說：「這裡的台灣人都是具有雙重身份，一邊放著中國政府給的居住證明，一邊放著日本發的配給票。」這應是何時何地的情況？
   (A) 1905 年的台北
   (B) 1940 年的北京
   (C) 1965 年的東京
   (D) 1990 年的上海

7. 歐洲曾有一位富有的公爵因反抗壓迫，遭政府處死，激發當地人民起來反對統治者。後來一位文學家以此故事為主題，寫了一個劇本，音樂家也將之譜成歌劇公演，贏得觀眾熱烈迴響，視這位公爵為民族英雄。這種劇本與歌劇創作及觀眾的反應，是哪一種思潮的展現？
   (A) 寫實主義　　(B) 保守主義　　(C) 理性主義　　(D) 浪漫主義

8. 一份條約指出：「朝鮮國為自主之邦，保有與日本國平等之權。……兩國文書往來，日本用其國文，自今起十年間，別具漢譯文一本，朝鮮用其本國文字。」又說朝鮮應開口岸，讓日本商人貿易，「日本國人民在朝鮮國指定各口，如因犯罪而與朝鮮國人民發生糾紛，皆歸日本官審斷。」這一份條約簽訂的時機應當是：
   (A) 1876 年，日本開始明治維新後，向朝鮮擴張時
   (B) 1895 年，中日戰爭後，日本控制朝鮮半島之際
   (C) 1905 年，日俄戰爭後，日本勢力進入中國之後
   (D) 1945 年，日本投降，與朝鮮訂立和平條約之時

9. 1555 年，一位西方領袖下令：除非另有許可，僧侶必須立刻返回修道院，所有隨意遊蕩的僧侶都將遭逮捕；修道院不得再向不在職的官員提供獻金，教會所有部門必須減少開支；任命聖職時，如涉及買賣嫌疑，一律禁止。我們如何解釋這樣的現象？

(A) 羅馬教宗受宗教分裂刺激，決心整頓教會

(B) 英國國王對羅馬教宗不滿，限制教會活動

(C) 法國國王不願受教會控制，禁止宗教發展

(D) 神聖羅馬帝國皇帝要強化教會，清除異端

10. 1880 年代，一位台灣官員向政府指陳：為達「方便商務，振興經濟，貫穿南北，裨於海防，輸送兵員，防止變亂」之目的，希望能進行此一重大建設。請問：此重大建設所指為何？

(A) 興建貫穿南北的公路系統　　(B) 廣建港口以建立環島航運

(C) 疏濬南北河川以開鑿運河　　(D) 興建貫穿南北的鐵路系統

11. 一位學者介紹某地豐富的文化資產時，將該地從古以來的宗教信仰比喻成一座房屋。他說：最下層居住的是法老，上一層是亞伯拉罕，再上面一層是基督，最上面一層則是阿拉。這是何地的情況？

(A) 開羅　　　(B) 麥加　　　(C) 大馬士革　　(D) 君士坦丁堡

12. 資料記載：元月十五日時，京城中幾個主要佛寺競相舉辦法會，吸引人群；大街上百姓提燈遊行，爭奇鬥豔，四處張燈結綵，好不熱鬧。皇帝特地下詔，當天京城大街特許夜行，官府不加取締。這段文字描述的景象最可能發生於何時？

(A) 漢代　　　(B) 唐代　　　(C) 宋代　　　(D) 清代

13. 古代萊茵河下游某一城市，由於人口眾多，為解決居住問題，拆毀部分城牆。但四世紀初，突然從附近鄉間湧入大量人口，這個城市又重新修復城牆，興建碉樓和防禦工事。導致這種情況發生的最可能原因為何？

(A) 北歐維京人入侵　　　　　　(B) 日耳曼部落入侵

(C) 斯拉夫民族入侵　　　　　　(D) 阿拉伯各部入侵

14. 中國歷史上，長城一向是防範游牧民族南侵的屏障，但某位皇帝認為長城已失去防禦功能，決定此後不再維修，終其統治期間，與蒙古各部結盟。這是哪位皇帝的作法？

(A) 宋太祖　　(B) 遼太宗　　(C) 明成祖　　(D) 清聖祖

15. 一位學者認為唐宋時期江南曾經實施稻麥輪種制，並欲引用白居易任職蘇州時寫的詩句：「去年到郡日，麥穗黃離離；今年去郡日，稻花白霏霏」證明自己的說法。關於這位學者的看法，以下說明何者較為合理？

(A) 詩裡提到麥作、稻作，足以作為稻麥輪種的佐證

(B) 詩中指出稻、麥產於不同季節，足以說明輪種制

(C) 詩中並未指明稻、麥產自同一塊土地，不足為據

(D) 詩人的描述多不精確，不適合運用在歷史的討論

16. 小說裡有這樣的情節：幾個年輕人被地方官員逮捕後，一名傳教士進入知府衙門，向知府表示「傳教的人原本與地方公事無干涉，但這幾個人都是我們教會裡的朋友，立刻把這幾個人交我帶去。」知府明知這幾個人是指明要捉拿的會黨，不便交給教士帶走，卻又擔心教士寫信託公使到總理衙門理論，只好將人交給教士。這個故事的背景是：

(A) 明朝末年的杭州　　　　　　(B) 清朝初年的北京

(C) 清朝末年的上海　　　　　　(D) 民國初年的南京

17. 第二次世界大戰後，許多殖民地尋求獨立時，往往遭「殖民母國」阻撓。下列何國獨立時，曾與原殖民國發生過激烈的武裝衝突？

(A) 印度　　(B) 越南　　(C) 埃及　　(D) 南非

18. 某地舉辦地方議會議員選舉，當時該地人口 185,594 人，經登記而有選舉權者僅有 7,195 人。選舉時，投票率高達九成以上，順利完成。請問這場選舉於何時何地舉行？
    (A) 1895 年的倫敦
    (B) 1915 年的東京
    (C) 1935 年的台北
    (D) 1950 年的開普敦

19. 近代以來華南虎瀕臨滅絕，但學者研究指出：長江以南地區，宋代以後虎患漸趨頻繁，至明清尤盛，且較集中發生在閩、贛、粵等省交界處的山區。明清時期，上述地區虎患盛行的可能原因是：
    (A) 氣候變遷導致老虎出山覓食
    (B) 以虎骨等入藥的風氣漸盛
    (C) 人口增加導致山區過度開發
    (D) 國內旅遊的風氣逐漸形成

20. 有歷史學家認為，能夠綜合國王制、貴族制和民主制的優良因素的政體才是最好的政體，因為同時具有類似王權的執行權，貴族的諮詢權和人民的同意權，最能確保政權的穩定。最能符合這種構想的是：
    (A) 西元前六世紀的波斯
    (B) 西元前三世紀的羅馬
    (C) 十七世紀後半的法國
    (D) 十八世紀初的俄羅斯

21. 有一幅畫作的主題是五位仕女：她們的稜角分明，好像是用斧頭砍出來的，透視法和明暗對比都為平面所代替。這些平面表示一種空間感和實在感，不使畫布顯得空虛。右邊兩個人物的頭部嚴重變形，其中一人的鼻子在臉上折成扁平的，同時自幾個不同的觀點描繪對象。這幅畫最可能是哪一位畫家的作品？
    (A) 十七世紀中葉的林布蘭
    (B) 十九世紀後半的梵谷
    (C) 十九世紀末的雷諾瓦
    (D) 二十世紀初的畢卡索

22. 有人描述：漢口不僅爲湖北一地之咽喉，雲、貴、川、桂、湘諸
地之貨皆於此轉輸東下，成爲當時天下「四聚」之一。此處有關
漢口的描述，最可能的時代背景是：
(A) 南朝偏安江南局勢下的物資轉輸
(B) 唐代的經濟重心轉移至長江流域
(C) 兩宋時長江中游加速開發的結果
(D) 明清長江中下游之間的經濟分工

23. 上課時，老師希望同學對十九世紀英國怡和洋行淡水分行的歷史
做一小論文，要求同學自行蒐集材料，以便閱讀。有四位同學各
自提出選擇材料的構想。下列哪位同學的構想應最能掌握怡和洋
行的歷史？
(A) 甲生想以該洋行的檔案爲主要材料，因爲這些檔案最能說明
當時公司的營運
(B) 乙生想利用該洋行職員的回憶錄，因爲這是當事人留下的一
手報導，最可信
(C) 丙生想訪談淡水地區的耆老，因爲這些人目睹洋行營運，所
做的口述最翔實
(D) 丁生想以當時各種報章雜誌爲主要材料，藉以瞭解並掌握該
公司的不同風貌

24. 中國學者使用出土文物研究歷史的起源甚早，但某一時期中，
不僅發掘許多器物，同時還有大量文書出土，益發引起學者重
視，主張結合出土文物與文獻來研究古代歷史。這種風氣盛行
於何時？
(A) 魏晉南北朝時，因許多文物出土，引發新研究風潮
(B) 宋代，學者用金石資料補正年月、官爵等相關史實
(C) 乾嘉時期，考據學家用古器物及金石資料研究歷史
(D) 清末民初，學者運用古籍文物等資料考訂中國歷史

25. 一位學者指出，這場戰爭「抹煞了一千年來的日耳曼人、波蘭人、立陶宛人不斷征服與殖民的影響，而使得種族地圖又恢復到西元 1200 年以前的情形。」他指的是一場造成約 2000 萬人大遷徙的戰爭。這場戰爭是：
    (A) 1618 到 1648 年的三十年戰爭
    (B) 1802 年到 1815 年間的拿破崙戰爭
    (C) 1870 年到 1871 年的德法戰爭
    (D) 1939 年到 1945 年第二次世界大戰

26. 下表是某個地區的人口估計數字，這樣的人口變化最可能發生在下列哪個地區？

	白人	黑人＋混血	原住民
1490	0	0	50,000,000
1570	138,000	共260,000	9,700,000
1650	725,000	815,000 + 644,000	9,105,000
1825	4,349,000	4,188,000 + 6,252,000	8,211,300

    (A) 拉丁美洲　　　　　(B) 澳洲
    (C) 南非　　　　　　　(D) 大洋洲

27. 清代主流學術原為考據學，中期以後轉變為講求權宜救亂的經世致用之學。此轉變之主因為何？
    (A) 反清復明思想復熾，學者轉趨宋明理學以替代考據學
    (B) 內亂始作，外患亦接踵而至，春秋經世思想隨之代興
    (C) 西方學術傳入後，學者趨之若鶩，考據學因此而衰微
    (D) 取才方式轉變，科舉廢除，舊學為新時代士人所遺棄

28. 台灣曾經有幾座戰俘營，監禁一些英國、澳洲及荷蘭的軍官與士兵。許多士兵被迫在礦場勞動，在山中伐木。這些戰俘的來源應當是：
　　(A) 1860 年英法聯軍之役中被俘虜的官兵
　　(B) 1917 年日本與德國開戰時虜獲的官兵
　　(C) 1942 年日本在東南亞戰區俘虜的戰俘
　　(D) 1972 年越戰期間台灣收容的各國戰俘

29. 某個時期學術思潮發生重大變化，不僅逐漸形成強調個體、重視個性解放的文學風氣，文學脫離了經學而獲得獨立；另一方面，史學也不再是經學之附庸，形成了後來正史經籍志裡經史子集的圖書分類方式。這應是指哪個時代？
　　(A) 秦漢　　　(B) 魏晉　　　(C) 唐宋　　　(D) 明清

30. 一位歷史學者指出，有段時期中，歐洲某地工商業發展和都市化的程度，只有法蘭德斯可相提並論。當地沒有完全封建化，世襲貴族還要受到商人階級的約束；富有冒險犯難精神的商人遍布各地，與猶太人、埃及人、波斯人、阿拉伯人，甚至印度人及中國人往來。某地是指：
　　(A) 2 世紀時的希臘　　　　　(B) 8 世紀的拜占庭
　　(C) 14 世紀的義大利　　　　(D) 18 世紀的法國

31. 1938 年以後，幾個歐洲國家來的移民突然湧入上海，他們來自不同的社會階層，從事不同的職業，使用不同的語言，卻有共同的宗教信仰。他們在上海建立社區，發行報紙。戰爭結束後，他們離開上海，移往歐美各地。他們共同的信仰是：
　　(A) 基督教　　(B) 伊斯蘭教　　(C) 猶太教　　(D) 天主教

32. 1846 年，中國某地一家飯店開業，因地點相當偏僻，交通不便，初期的經營狀況不佳。19 世紀後期，該飯店卻成了中國最早接受現代事物的場所：1867 年，該飯店最早使用煤氣；1882 年安裝電燈，引來許多好奇的人潮；1883 年，最早使用自來水。這個飯店應位於何處？
    (A) 北京　　　　(B) 上海　　　　(C) 天津　　　　(D) 澳門

33. 一位哲人主張：人類應當擺脫自身的不成熟，學習有效地運用自己的理解能力，並且勇於認知。哲人這樣的主張最可能屬於下列何種思潮：
    (A) 自由主義　　　　　　(B) 存在主義
    (C) 理性主義　　　　　　(D) 浪漫主義

34. 中國史上，曾有西北邊境官員向朝廷報告緊急軍情，皇帝即刻召集宰相及相關長官共商對策。由於宰相無權調動軍隊，乃由主管軍事的長官提出作戰方案，由主管財政的長官調度後勤物資，經皇帝裁決後，才調動軍隊增援前線。以上場景最可能發生於何時：
    (A) 漢代匈奴侵入山西　　　　(B) 唐代吐蕃入侵河西
    (C) 宋代西夏入寇陝西　　　　(D) 明代蒙古入侵河套

35. 學者將 15 世紀以前西歐「手抄書本」的歷史分成「修院時代」與「俗世時代」兩個時期，認為書籍是從教會機構獨佔逐漸演變成一般學者也可以分享圖書。這種變化的關鍵為何？
    (A) 中央王權介入　　　　(B) 基督教會分裂
    (C) 市民階級出現　　　　(D) 羅馬帝國瓦解

36. 學者指出：某朝代的士人強調天命，主張「敬天法古」，要以儒家思想改造現實秩序。最後，竟導致這個朝代的結束，此事為中國歷史上所僅見。這個朝代是指：
    (A) 西漢　　　　(B) 西晉　　　　(C) 北宋　　　　(D) 明代

二、多選題（8分）

說明：第 37 至 40 題，每題各有 5 個選項，其中至少有一個是正確
的。選出正確選項，標示在答案卡之「選擇題答案區」。每
題 2 分，各選項獨立計分，每答對一個選項，可得 0.4 分，
每答錯一個選項，倒扣 0.4 分，完全答對得 2 分，整題未作
答者，不給分亦不扣分。在備答選項以外之區域劃記，一律
倒扣 0.4 分。倒扣到本大題之實得分數為零為止。

37. 在一項名為「時代光影 — 民國六〇年代台灣老照片攝影展」的
展覽中，展出者將照片分成許多主題。下列哪些主題最可能出現
在這個展覽中？
    (A) 政府開放探親，老兵返鄉
    (B) 石油危機發生，民眾搶購物資
    (C) 高速公路完工，剪綵通車
    (D) 加工出口區外，工人下班情景
    (E) 中美斷交，群眾抗議示威

38. 學者分析游牧民族與農業民族的關係時，指出：游牧民族以漸進
方式移入農業民族地區之後，會學習農業民族組織及管理技巧，
甚至進而建立政權。下列哪些屬於此種情形？
    (A) 兩河流域亞述王朝　　　(B) 羅馬帝國時日耳曼人
    (C) 兩晉間的匈奴政權　　　(D) 隋唐時期的突厥政權
    (E) 明代晚期後金政權

39. 近代以來，歐洲國家為減輕國內人口及社會壓力，紛紛在海外尋
求殖民地。這些殖民地除了作為國內人民移民之用，還是原料供
應地和國內工業產品的市場。下列哪些屬於此類殖民地？
    (A) 加拿大　　　　　(B) 香港　　　　　(C) 澳大利亞
    (D) 印度　　　　　　(E) 馬來亞

40. 神話的情節看似荒誕不經，卻是認識古代文明的重要線索。有的神話是用來描述民族的起源，下列哪些屬於此類？

(A) 共工觸不周山而死，人們奉他為水師

(B) 姜嫄無子，踏過大腳印，居然生子，是為后稷，牛羊鳥獸護育之

(C) 天命玄鳥，降而生商

(D) 女媧煉製五色彩石補天，並以神龜四足將天撐起

(E) 鯀之妻吞神珠而生禹

第貳部分：非選擇題（佔 20 分）

說明：本大題共有 4 題，答案務必寫在「答案卷」上，並於題號欄標明題號（1、2、3、4）與子題號（A、B、…）。請依子題號作答，未標明題號或答錯題號者均不計分。每題配分標於題末。

1. 一位士人回憶：「四月初，『逆賊』攻陷常州，省城南京中的富戶紛紛遷徙，我奉祖母之命，帶全家遷避蘇州東邊的周庄。叔叔因辦理團練，不能出城。十三日，我雇了船要回省城，逆賊已經攻陷省城，無法進入，只好帶著祖母，就近前往一個有洋槍隊保護的城市避難。」請問：

A. 此處逆賊作亂是指哪一事件？（2 分）

B. 這位士人最有可能就近前往哪座城市避難？（2 分）

2. 請先閱讀下列資料，再回答問題。

甲批評：「洋人所長在機器，中國所貴在人心。我擔心以後大家會認為國家就是主張禮義廉恥無用，洋學最為可貴。如果學習洋學者皆無恥之人，洋器雖精，但還有誰願意為國家效力？」但乙

指出：「法律要靠人來實行，事務也要考量時代背景，時時變通，如果只擔心輿論批評，則要做做不好，做成了也不能持久。只會讓外國人獲得利益，後患無窮。」後者並建議政府採取一些「新政策」，以因應時局。

C. 請舉出兩位與乙同時代，且看法相同的歷史人物。（2分）

D. 乙的主張也曾經在台灣實施，請舉出兩項具體的成果。
（2分）

E. 現代人如何總稱這些「新政策」？（2分）

3. 王夫之評論丙、丁兩個朝代統治策略的異同，指出：丙朝代的君主不信任宗室，採取削弱同姓諸侯的策略，最後，皇室因孤立無援而為權臣所簒。丁朝代的君主只信任宗室而不信大臣，所以將兵權賦予宗室諸王，結果卻為同姓所噬，間接引發亡國之禍。

F. 王夫之評論的丙朝代是指哪個朝代？（2分）

G. 丁朝代是指哪一個朝代？（2分）

H. 丁朝代君主的作法導致「為同姓所噬」，這是指哪個政治事件？
（2分）

4. 一位歷史學者評論某國：他們接受的西歐文化是模仿、是移植。研究這個國家時，必須注意其人口結構：19世紀中期，全國有6100萬居民，卻有5000萬農民。他們原受到拜占庭文化的影響，篤信基督；20世紀初以後，卻認為宗教的本質是封建的遺留、阻止進步的核心。

I. 這個國家是指：（2分）

J. 20世紀初，他們認為「宗教的本質為封建遺留」，是受到哪種思想影響？（2分）

九十七年度指定科目考試歷史科試題詳解

第壹部分：選擇題

一、單選題

1. **D**

　　【解析】 (D) 題幹「1935 年，墨索里尼出兵佔領衣索匹亞，消息立刻傳遍義大利，當時民眾最可能透過哪一種媒體，即時獲得此一訊息」應是廣播；

　　　　　　 (A) 報紙速度慢，不可能消息立刻傳遍義大利；

　　　　　　 (B) 網路 1935 年不可能出現，因 1944 年第一代電腦才問世；

　　　　　　 (C) 電視不可能，因 1925 年貝爾德等才發明電視，第一次戰後遭逢世界經濟大恐慌，故電視未普遍。

2. **A**

　　【解析】 (A) 由「（本藩）已手闢草昧」可知是延平郡王鄭成功，因其他三人都不曾當過藩王。

3. **C**

　　【解析】 (C) 荷蘭來台有通商與傳教兩大目的；明鄭政權在台灣時，清朝採海禁政策，明鄭政權除屯田使數萬軍民糧食有著落外，更推廣國際貿易來獲得各種物質，重視對外貿易是這兩個政權經營台灣相似之處；

(A) 明鄭政權未將土地收歸公有；

(B) 兩個政權皆對原住民用武力征服；

(D) 兩個政權皆未在各地開港。

4. **B**

【解析】(B) 1921 年林獻堂、蔣渭水（臺灣孫中山）、蔡培火等人成立「臺灣文化協會」；蔣渭水曾「診斷」當時的臺灣人，患了「智識的營養不良症」，文化運動是唯一的治療法，所以「臺灣文化協會」以讀報社、舉辦文化講習會、夏季學校、創辦〈臺灣新民報〉、〈臺灣青年〉報刊，也用戲劇、電影、音樂會等方式傳播新知啓迪民智；

(A) 1900 年代台灣電影尚未出現（1895 年電影才在巴黎正式放映）；

(C) (D) 題幹提到推廣法律及衛生觀念，可知當時此二觀念仍未普及，(C) (D) 不合適。

5. **C**

【解析】(D) 此題點出 1980 年代「亞洲四小龍」的國際貿易比重，「亞洲四小龍」指經濟在短期內獲得飛速發展的韓國（南韓）、新加坡、台灣（中華民國）和香港；台灣 1970 年出口總值是 1960 年的 9 倍，1980 年爲 1970 年的 13 倍；韓國 1980 年出口總值是 1960 年的 534 倍；新加坡 1980 年出口總值是 1965 年的 20 多倍。50－70 年代世界經濟高速發展，爲亞洲四小龍的出口導向發展提供良好的條件，技術革命使生產轉向技術和資本密集工業，

亞洲四小龍擁有質高價廉的勞動力，正好發展勞動密集工業；

(A)(B) 圖中日本國際貿易比重占非常大的比重；日本經濟的復甦在韓戰（1950 年）及越戰（1954 年）後，(A)(B) 不對；

(D) 1990 年代後期，中國國際貿易比重不應如此小。

6. **B**

【解析】 (B) 日治時期（1895-1945 年）台灣屬於日本管轄，戰時日本實施配給制度，故台灣人有日本發的配給票，而他到中國居住，所以有中國政府給的居住證明。

7. **D**

【解析】 (D) 浪漫主義是十九世紀西方盛行的思潮，強調感情與直覺，欲突破過去的傳統與法規，此題目中有「音樂家也將之譜成歌劇公演，贏得觀眾熱烈迴響，視這位公爵為民族英雄」，即是強調感情與直覺，屬於「浪漫主義」；

(A) 寫實主義（現實主義）冷靜、理智，正視現實生活問題；人道主義，同情社會疾苦．揭發社會的罪惡；以平實客觀態度從事文藝創作；

(B) 保守主義強調傳統與歷史在政府及政治上的重要性；

(C) 理性主義相信理性，懷疑舊權威（包括宗教）。

8. **A**

【解析】 (A) 日本開始明治維新後，向朝鮮擴張時，表面還尊
重朝鮮的自主地位，才說「朝鮮國爲自主之邦，
保有與日本國平等之權」；此時清國仍爲朝鮮宗
主國，故別具漢譯文一本；等到中日戰爭後，日
本控制朝鮮半島後，即不會尊重朝鮮的自主地位。

9. **A**

【解析】 (A) 1517 年馬丁路德宗教改革後，在新教刺激下，天
主教展開一連串的改革，故 1555 羅馬教宗整頓
教會，下令教士好好改革。

10. **D**

【解析】 (D) 1880 年代屬於清光緒年間（牡丹社事件及日軍侵
臺爲 1871 及 1874 年），台灣自強運動期間，有丁
日昌、劉銘傳等人倡議興建鐵路，以「方便商務，
振興經濟，貫穿南北，裨於海防，輸送兵員，防
止變亂」。

11. **A**

【解析】 (A) 埃及上古時期國王被尊爲「法老」；七世紀後有了
回教（伊斯蘭教）的創立，回教融合猶太教、基
督教的教義，阿拉成爲唯一的眞神，題幹中有法
老、亞伯拉罕、基督、阿拉等可知爲埃及開羅。

12. **B**

【解析】 (B) 由「皇帝特地下詔，當天京城大街特許夜行，官
府不加取締」知爲唐朝，因唐朝商業區的市與住

宅區的坊分離，兩者四周各圍以牆垣，各設坊門，不論都鄙，一律實施宵禁，坊門朝開夕閉。

13. **B**

【解析】　(B) 受到中國北匈奴入侵影響，四世紀初日耳曼部落入侵歐洲，使歐洲修復城牆，興建碉樓和防禦工事以對抗。

14. **D**

【解析】　(D) 中國歷代為防止北方外族入侵，許多朝代修築長城，今日中國長城是明成祖時修建完成，到清聖祖康熙時與蒙古各部結盟，康熙認為長城已失去防禦功能，決定此後不再維修；

　　　　　(A)(B) 時蒙古尚未出現。

15. **C**

【解析】　(C) 詩句「去年到郡日，麥穗黃離離；今年去郡日，稻花白霏霏」是借顏色來表情，並未指明稻、麥產自同一塊土地，所以難以證明「唐宋時期江南曾經實施稻麥輪種制」；

　　　　　(D)「詩人的描述多不精確」有錯誤，杜甫（工部）有「詩史」之稱。

16. **C**

【解析】　(C) 此題關鍵處在「總理衙門」，清末自強運動時才設立「總理衙門」（咸豐十年），本來是負責外交的

機構，後來成爲洋務事業的中心，光緒 27 年八國
聯軍後辛丑條約改爲「外務部」。

17. **B**

【解析】 (B) 第二次世界大戰後各國獨立方式可分三種：

① 經聯合國協助：第二次世界大戰戰敗的德、
義、日等國，它們的殖民地大都經由聯合國
託管理事會的協助獲得獨立

② 經由和平談判：美、英兩國對殖民地的獨立
運動採取較開明的態度，如菲律賓脫離美國
獨立；印度脫離英國獨立

③ 經由武裝革命：法、荷、比等國的殖民地大
都是以武裝革命的方式尋求獨立，如越南脫
離法國而獨立。

18. **C**

【解析】 (C) 日治時期，林獻堂等人倡議地方自治，成立「地
方自治聯盟」，要求公民普選，日本允許 1935 年
選舉議員，雖然限制很多，但 1935 年的台北選
舉時，投票率高達九成以上，順利完成。

19. **C**

【解析】 (C) 明清因玉米、馬鈴薯、地瓜、花生等農作物引進
中國，使人口增加，導致山區過度開發，造成人
口密集地區虎患盛行。

20. **B**

【解析】　(B) 上古羅馬人歷經王政（753 – 509B.C.）、共和
（509 – 27B.C.）與帝國（27B.C. – 476A.D.）三時
期，西元前三世紀的羅馬屬於共和時期，行政首
長是兩位執政官，由公民大會選出，立法機構有
元老院和公民大會；共和初期，平民權利並未受
到重視，後經不斷爭取，終於設立兩位護民官，
使平民權利稍獲保障。287B.C. 平民與貴族在法
律上取得平等地位，平民可以擔任執政官，並可
以和貴族通婚，這就是「同時具有類似王權的執
行權，貴族的諮詢權和人民的同意權，最能確保
政權的穩定」。

21. **D**

【解析】　(D) 此畫是畢卡索的「阿維濃的
少女」，畢卡索（Pablo Ruiz
Picasso，1881 – 1973 年），
西班牙畫家；畢卡索為二十
世紀繪畫－立體派代表；反
對傳統模擬自然的手法，立
體主義是將自然簡化，分割

成一個個的小立方體，借用幾何學的三角、四角
或圓形等圖形，根據明暗的配置，加以神秘的組
合，線條重直線，捨曲線；1907 年「亞維濃的
姑娘們」畫作，成為畢卡索創造立體派風格的里
程碑；

(A) 林布蘭（Rembrandt van Rijn，1606－1669）是荷蘭畫家，巴洛克風格最明顯者；

(B) 梵谷（Vincent William van Gogh，1853－1890年），荷蘭畫家，後印象派代表人物；

(C) 雷諾瓦（Pierre-Auguste Renoir，1841－1919）印象派巨匠。

22. D

【解析】(D) 明清有「湖廣熟，天下足」的諺語：意即長江中游洞庭湖流域的開發主要是在明代，此時的長江下游三角洲呈現棉紡織業的快速發展，原先屬於有餘糧輸出的長江下游地區，因生產結構改變，需要糧食輸入，兩湖地區遂成為糧食主要供應地區，明清長江中下游之間的經濟分工，使漢口成為重要轉運港口，為當時天下「四聚」之一。

23. A

【解析】(A) 甲生以怡和洋行的檔案為主要材料，這些檔案最能說明當時公司的對外營運和內部運作情形，這屬於一手直接史料，最能掌握怡和洋行的歷史，其他答案的內容都不是一手直接史料。

24. D

【解析】(D) 清末民初因為考古挖掘盛行，學者運用古籍文物等資料考訂中國歷史，出現古史大辯論，改寫不少傳統中國史學的論點，如顧頡剛提出夏禹不是人，是大蜥蜴等。

25. **D**

【解析】 (D) 第二次世界大戰（1939－1945 年）死傷慘重，戰後日耳曼德國戰敗分裂、歐洲地圖重劃，英法殖民帝國解體，「抹煞了一千年來的日耳曼人、波蘭人、立陶宛人不斷征服與殖民的影響，而使得種族地圖又恢復到西元 1200 年以前的情形。」，出現一百多個新國家，其中以非洲獨立國家最多，「造成約 2000 萬人大遷徙」。

26. **A**

【解析】 (A) 拉丁美洲（Latin America，即中南美洲），住民有「半島人」（西班牙人、葡萄牙人），原住民印地安人與非洲黑人等，十五世紀末哥倫布到達美洲後，中、南美洲淪為西、葡等國的殖民地，歷時三百多年；殖民地的統治權一直操縱在「半島人」手中，掌有經濟權的「土生白人」無法分享，有色人種不但生活困苦，且毫無政治地位，後來出現獨立運動。

27. **B**

【解析】 (B) 清代乾隆嘉慶年間主流學術原為考據學，對於經典整理有很大貢獻，但重細瑣名物，不利國計民生，中期以後內亂外患接踵而至，經世思想隨之代興，如魏源編寫「海國圖誌」，提出「師夷長技以制夷」的觀念，就是經世思想的再現。

28. **C**

　【解析】 (C) 此題關鍵處在「台灣座戰俘營監禁一些英國、澳
　　　　　　洲及荷蘭的軍官與士兵」，第二次大戰期間日本攻
　　　　　　佔中國之外，又佔領香港、東南亞等地，俘虜不
　　　　　　少各國戰俘；其他戰役不可能俘虜這多國戰俘。

29. **B**

　【解析】 (B) 魏晉南北朝盛行玄學清談，強調個體、重視個性
　　　　　　解放。梁蕭統彙編昭明文選，奠定魏晉後文史分
　　　　　　家基礎；古代學術以經學最著，而史官為當時最
　　　　　　有知識的人，是以經史不分；晉代已將經史分開；
　　　　　　至唐代圖書分類中，經史子集四部正式分類。

30. **C**

　【解析】 (C) 威尼斯（Venice）是義大利東北部最大的商港，十
　　　　　　二世紀時已成為歐洲最主要港口，各地的商人雲
　　　　　　集，這些商人進一步發展出銀行制度，這是 14 世
　　　　　　紀文藝復興興起於義大利的原因。

31. **C**

　【解析】 (C) 猶太教士猶太人的民族宗教，第二次大戰歐戰爆
　　　　　　發前後，納粹德軍在歐洲各地屠殺猶太人超過
　　　　　　600 萬人，造成「二十世紀大浩劫」，不少猶太人
　　　　　　紛紛移民到世界其他地區。

32. **B**

【解析】 (B) 由題幹中「19 世紀後期，該飯店卻成了中國最早
接受現代事物的場所」、「該飯店最早使用煤氣」、
「最早使用自來水」可知這是中國最現代化的都
市－上海的飯店。

33. **C**

【解析】 (C) 由題幹中「人類應當擺脫自身的不成熟，學習有
效地運用自己的理解能力，並且勇於認知」即知
是西方十八世紀是啟蒙時代盛行的理性主義。

34. **C**

【解析】 (C) 宋代早期宰相權力最低，宰相只能管文事，不能
管軍事和財政，軍事交給樞密院，財政交給三司，
由題目中有「由於宰相無權調動軍隊，乃由主管
軍事的長官提出作戰方案，由主管財政的長官調
度後勤物資」，可知是宋朝時期的事。

35. **C**

【解析】 (C) 十一世紀後，隨著東西國際貿易的發展與南北內
陸貿易的成長，地點適中、交通便利的市集逐漸
變成城市，後來市民階級出現，書籍是從教會機
構獨佔逐漸演變成一般學者也可以分享圖書，這
是文藝復興興起的原因之一。

36. **A**

【解析】 (A) 題幹提到「天命」，西漢的儒家與陰陽家結合後有
　　　　　「天人感應說」如董仲舒「春秋繁露」，認為君主
　　　　　是可以更換的，因此王莽即以此說代漢而有天下。

二、多選題

37. **BCDE**

【解析】 (A) 民國 60 年代即為西元 1970 年代，政府開放老兵
　　　　　返鄉探親是在民國 76 年解除戒嚴後的事，不選；
　　　　(B) 民國 62、64 年石油危機發生；
　　　　(C) 民國 60 年台灣退出聯合國，蔣經國當行政院長，
　　　　　推動十大建設，才有高速公路；
　　　　(D) 民國 54 年起台灣就先後設立高雄、楠梓、台中等
　　　　　加工出口區；
　　　　(E) 民國 67 年中美斷交。

38. **BC**

【解析】 (B)(C) 關鍵處題幹中「漸近方式移入」學習農業民族
　　　　組織及管理技巧，再建立政權，僅 (B)(C) 可選，(A)
　　　　(D)(E) 皆非漸近方式。

39. **AC**

【解析】 (A)(C) 關鍵處題幹中「除了作為國內人民移民之用，
　　　　還是原料供應地和國內工業產品的市場」，符合者只
　　　　有 (A)(C)，(B) 香港並非英國原料供應地；(D)(E) 並
　　　　非作為國內人民移民之用。

40. **BCE**

【解析】 (B) (C) (E) 題目是「用來描述民族的起源」，(B) 講周人
　　　　　的起源、(C) 講商人的起源、(E) 講夏人的起源；

　　　　(A) 講共工氏水神的由來，跟民族的起源沒關；

　　　　(D) 講女媧補天，跟民族的起源沒關。

第貳部分：非選擇題

1. 【解答】(A) 太平天國（洪楊之亂）

　　　　　(B) 上海

2. 【解答】(C) 曾國藩、左宗棠、李鴻章、魏源、林則徐、劉銘
　　　　　　　傳等（兩人即可）

　　　　　(D) 修鐵路、買輪船（建輪船不可）、設電線、建西式
　　　　　　　砲台、建路燈、辦郵政、架電報等（兩項即可）

　　　　　(E) 自強（洋務運動）

3. 【解答】(F) 曹魏

　　　　　(G) 西晉

　　　　　(H) 八王之亂

4. 【解答】(I) 俄國（蘇俄、俄帝）

　　　　　(J) 共產主義（馬克思主義）

九十七學年度指定科目考試（歷史）

大考中心公佈答案

題　號	答　　案	題　號	答　　案
1	D	21	D
2	A	22	D
3	C	23	A
4	B	24	D
5	C	25	D
6	B	26	A
7	D	27	B
8	A	28	C
9	A	29	B
10	D	30	C
11	A	31	C
12	B	32	B
13	B	33	C
14	D	34	C
15	C	35	C
16	C	36	A
17	B	37	BCDE
18	C	38	BC
19	C	39	AC
20	B	40	BCE

九十七學年度指定科目考試
各科成績標準一覽表

科　目	頂　標	前　標	均　標	後　標	底　標
國　文	64	58	49	38	30
英　文	76	64	41	20	9
數學甲	77	64	43	23	13
數學乙	71	58	39	21	11
化　學	69	56	36	19	10
物　理	63	49	29	14	7
生　物	72	63	49	35	25
歷　史	62	52	37	23	14
地　理	68	62	51	38	27

※ 以上五項標準均取為整數（小數只捨不入），且其計算均不含缺考生之成績，
計算方式如下：

頂標：成績位於第 88 百分位數之考生成績。
前標：成績位於第 75 百分位數之考生成績。
均標：成績位於第 50 百分位數之考生成績。
後標：成績位於第 25 百分位數之考生成績。
底標：成績位於第 12 百分位數之考生成績。

例： 某科之到考考生為 99982 人，則該科五項標準為

頂標： 成績由低至高排序，取第 87985 名（99982×88%=87984.16，取整數，
　　　 小數無條件進位）考生的成績，再取整數(小數只捨不入)。

前標： 成績由低至高排序，取第 74987 名（99982×75%=74986.5，取整數，
　　　 小數無條件進位）考生的成績，再取整數(小數只捨不入)。

均標： 成績由低至高排序，取第 49991 名（99982×50%=49991）考生的成績，
　　　 再取整數(小數只捨不入)。

後標： 成績由低至高排序，取第 24996 名（99982×25%=24995.5，取整數，
　　　 小數無條件進位）考生的成績，再取整數(小數只捨不入)。

底標： 成績由低至高排序，取第 11998 名（99982×12%=11997.84，取整數，
　　　 小數無條件進位）考生的成績，再取整數(小數只捨不入)。

九十六年大學入學指定科目考試試題
歷史考科

第壹部分：選擇題（佔 80 分）

一、單選題（72 分）

說明：第 1 至 36 題，每題選出一個最適當的選項，標示在答案卡之「選擇題答案區」。每題答對得 2 分，答錯或劃記多於一個選項者倒扣 2/3 分，倒扣至本大題之實得分數為零為止，未作答者，不給分亦不扣分。

1. 社會區分階級是常見的現象，但依據的理論基礎各異。下列哪一社會階級的區分是建立在宗教理論上？
   (A) 先秦的中國　　　　　(B) 古代的希臘
   (C) 中古的歐洲　　　　　(D) 古代的印度

2. 一份雜誌強調要「去遺傳的科舉思想，進於現世的科學思想；去主觀的武斷思想，進於客觀的懷疑思想。」這份雜誌最可能是哪一時期的產物？
   (A) 革命運動　　　　　　(B) 新文化運動
   (C) 新生活運動　　　　　(D) 文化大革命

3. 1990 年代，有一位作家在〈一種逝去的文學？〉的文章中說：「那邊要統，這邊要獨。『漢』『賊』早已兩立，『敵』『我』正在言歡。四十年前的神聖使命，成了四十年後的今古奇觀。」此一「逝去的文學」所指為何？
   (A) 古典文學　　　　　　(B) 鄉土文學
   (C) 反共文學　　　　　　(D) 現代主義文學

4. 史家指出，中國歷史上某一時期「有極關重要者四事」：一為中國版圖之確立，二為中國民族之搏成，三為中國政治制度之創建，四為中國學術思想之奠定。這應是指哪一時期？
   (A) 商周時期
   (B) 秦漢時期
   (C) 魏晉時期
   (D) 隋唐時期

5. 有位日本高級官員說：「為了讓本島人與內地人無所差異，又有必要在實質上體認皇道之精神，對事物的看法也必須與內地人相同。若語言、姓名、風俗、習慣等，也能與內地人無所差異，則是最理想的事。」上述談話最可能出自何人之口？
   (A) 1895 年日本內閣總理伊藤博文
   (B) 1895 年的台灣總督樺山資紀
   (C) 1898 年的台灣總督兒玉源太郎
   (D) 1919 年的台灣總督田健治郎

6. 某書描述：「各國的作家和思想家在這裡均可受到熱烈招待。這裡出現了一些由豔光四射且博學多才的名媛主持的聚會，作家、學者們可以海闊天空地談論各種問題，參與者常因其口才和機智而聲名大噪。」這種情景最可能出現在何時何地？
   (A) 古典希臘時代的雅典
   (B) 文藝復興時期的米蘭
   (C) 宗教改革時期的倫敦
   (D) 啟蒙運動時期的巴黎

7. 「如果上帝啟示獲利的機會，則選民必須遵循上帝的召命而用心追求。人雖然不可為私利而致富，但是可以為上帝勞動而致富。」這最可能是下列哪一種人的經濟觀念？
   (A) 隨商船到亞洲的耶穌會士
   (B) 信奉伊斯蘭教的西域商人
   (C) 源自喀爾文教派的清教徒
   (D) 掌控東南亞金融業的華人

8. 一位史家討論英國婦女地位的變化說：「政府部門急遽膨脹與男子短缺，使婦女的社會、經濟力量突然獲得進展。婦女就業人數從 217 萬人成長到 297 萬人，增加了 80 萬人。過去，她們充當女侍，或待在父母身邊，或依附丈夫；現在，她們離家工作，甚至遠離家鄉，取得獨立的社會地位。」這是描述何時的情況？
   (A) 北美洲獨立戰爭期間
   (B) 第一次世界大戰期間
   (C) 世界經濟大恐慌期間
   (D) 波斯灣戰爭危機期間

9. 1860 年代以後，台灣政治經濟重心逐漸由南部轉移至北部，其主要原因為何？
   (A) 南部米糖生產下降，經濟蕭條，造成人口往北移動
   (B) 南部多颱風與地層下陷，天災頻傳，迫使人口外移
   (C) 北部移民來源複雜，經常發生變亂，必須駐兵鎮壓
   (D) 北部發展茶與樟腦，山區大舉開發，經濟發展快速

10. 歷史家評論某一政權，指出：「他的帝國實為新、舊秩序的混合。一方面，他改變國家的社會與經濟結構，保留象徵自由、平等、博愛的三色旗，是新秩序的保衛者；另一方面，他雖號稱革命之子，實為開明專制的精神後裔，忽略主權在民而行絕對君權，強調平等而不重視自由，注重秩序與階級。」評論中的「他」是指何人？
   (A) 建立法蘭西帝國的拿破崙
   (B) 成立清教政權的克倫威爾
   (C) 背叛民國而稱帝的袁世凱
   (D) 二戰之前土耳其的凱末爾

11. 報紙報導某次大選是：「一場富有歷史意義的選舉，投票所外排隊的人潮長達一哩。1600 萬黑人與 950 萬白人、亞裔人和其他有色人種，都出來行使公民權。」認為：「在這塊長期遭受種族迫害的土地上，這場選舉象徵民主的誕生，也象徵一個英雄為了對抗種族隔離所作的長期奮鬥。」這篇報導中的「選舉」與「英雄」所指各為何？
    (A) 1860年的美國大選；林肯
    (B) 1960年的美國大選；金恩
    (C) 1962年的古巴大選；卡斯楚
    (D) 1995年的南非大選；曼德拉

12. 官員質問某人：「這些是你的書嗎？你會撤銷你的主張嗎？」這人堅持：「我只接受《聖經》的權威和自己良心的約束；我不能撤回我寫的任何東西，因為我的良心是跟隨著《聖經》的，而昧著良心做事既不穩妥，也不正確。」這應是下列哪兩造的對話？
    (A) 馬丁路德與羅馬教廷的官員
    (B) 伽利略與異端裁判所的法官
    (C) 耶穌與巴勒斯坦的羅馬總督
    (D) 蘇格拉底與雅典的大陪審團

13. 有一國家的統治者實施開明專制，積極支持地主階級，使他們成為國家的中堅；選拔優秀人才進入政府服務，形成有效率的文官集團。國家又建立強大的軍隊，逐漸發展成為強權。這個國家應是：
    (A) 彼得大帝時的俄羅斯
    (B) 明治維新以後的日本
    (C) 統一德意志的普魯士
    (D) 加富爾主政的義大利

14. 有一個文學派別，不再強調感情與辭藻，而著眼於描繪具體的事實，並將科學的原理應用在社會現實的分析上。這個文學派別應為何？
    (A) 十八世紀後期的古典主義
    (B) 十九世紀前期的浪漫主義
    (C) 十九世紀後期的寫實主義
    (D) 二十世紀中葉的存在主義

15. 根據右圖這幅標題為「英格蘭白人奴工」的版畫內容推測，「英格蘭白人奴工」所指應為何？

    (A) 美國獨立戰爭時，被強制勞動的英軍俘虜
    (B) 十八世紀初期，流放到澳洲勞工營的罪犯
    (C) 十八世紀後期，英國工廠僱用的童工女工
    (D) 二次大戰期間，納粹集中營裡的英國戰俘

16. 某篇論文指出：一位君主因為信佛者甚眾，影響國計民生，所以強迫僧侶還俗，甚至徵調為兵；又沒收寺產，充為國用，因此「租調年增，兵師日盛」。這篇論文最可能的主題應是下列何者？
    (A) 佛教的傳播　　　　　　(B) 寺院與經濟
    (C) 稅制的變革　　　　　　(D) 兵制與國防

17. 史書描述某一民族因人口過剩而向外殖民，指出：這一個民族移殖所到之處，其制度、宗教和生活方式亦隨之而至。他們比照自己的母邦，建立獨立自主的城邦。新殖民城邦隨即發展與母邦相似的經濟生活，產生與母邦相似的社會、政治紛爭。這一個民族應是：

(A) 西元前七世紀向外移民的希臘人

(B) 十七世紀中移往美洲的英國清教徒

(C) 十九世紀初移民東南亞的中國人

(D) 二十世紀中移民巴勒斯坦的猶太人

18. 漢初一位學者稱許某學派「序君臣上下」的論點，認為有助於政治秩序的建立，但也批評這個學派「內容廣博，卻不易掌握其要點；學習者雖花力氣，獲得的成效卻很少。」這個學派最可能是指：

(A) 儒家　　(B) 道家　　(C) 墨家　　(D) 法家

19. 一位生長於魚米之鄉的湖湘子弟，在家書中提到軍旅生活說：駐地「風沙漫天，冰雪載地，石田千里」，因此軍隊必須修築道路，以運載軍需，並在沿途栽植楊柳，以防風沙。這種情況與下列哪一事件有關？

(A) 成吉思汗西征　　　(B) 明軍攻打蒙古

(C) 清軍平定新疆　　　(D) 共軍抗美援朝

20. 某一部族領袖感嘆：從祖先遷居中國境內之後，常受漢人欺凌，雖有王侯名號，卻無實際的領土，與平民無異。他因此鼓動分散於中國境內的部落反抗朝廷，並建立了政權。此部族應為：

(A) 匈奴　　(B) 契丹　　(C) 蒙古　　(D) 女眞

21. **資料一：** 法律規定，夫妻口角後，妻上吊自殺，丈夫不受處分。如果是夫因此上吊自殺，妻要被判處「絞刑」。

　　 資料二： 一對夫妻爭吵互毆，丈夫氣不過上吊自殺。地方官原來判處妻子「絞刑」，但後來皇帝指示：「婦之於夫，猶臣之於君，子之於父，同列三綱，所關綦重。」便改判「斬立決」（即時執行斬首）。

從這兩則資料判斷，下列哪一項敘述是正確的？

(A) 中國傳統社會具有法律之前人人平等的特色

(B) 皇帝尊重官員的判決，也遵照法律規定判刑

(C) 皇帝改判更嚴厲的處分，是為了維護綱常名教

(D) 皇帝任意破壞法律，使法律喪失維護綱常名教的功能

22. 長江三角洲自中唐以後農業發達，一向是糧食輸出區；但明末以來，卻需仰賴外地輸入糧食。這種現象與下列何者最有關？

(A) 改種經濟作物，造成糧作不足

(B) 戰亂頻仍，農業生產遭到破壞

(C) 水利失修，造成糧食生產減少

(D) 新作物傳入，飲食習慣漸改變

23. 一位臺灣士紳為慶祝戰爭結束，寫了一副對聯：「四百餘里鯤鯓已去復返；五十一年婢僕垂死重生。」這位士紳要慶祝的是哪一事件？

(A) 台灣民主國成立之際，慶祝台灣脫離清朝統治

(B) 日俄戰爭中，日本戰勝了俄國，成為亞洲強權

(C) 一次世界大戰，日本戰勝，一躍成為世界強權

(D) 二次世界大戰，日本戰敗，臺灣回歸中華民國

24. 宋代城市的規模、機能與城市生活型態，有延續前代而發展，也有因應新情勢而變革。下列選項中，何者為宋代明顯不同於唐代的新發展？

(A) 城市商業繁榮，商幫勢力興起

(B) 官府維持夜禁，但准許延長營業時間

(C) 茶館酒樓林立，說書、演戲等娛樂盛行

(D) 士大夫與庶民生活方式差異日趨擴大

25. 周代宗法制度是國家權力繼承和分配的重要基礎，強調「親親」、「尊祖」與「敬宗」，希望凝聚國族成員的力量。但宗法制度發展到一定程度，也可能無法繼續維持封建秩序。下列哪一現象可以說明這種變化？

    (A) 宗廟祭祀活動頻繁，規模日大，導致民窮財困
    (B) 邦國各自發展，親戚關係日遠，甚至相互兼併
    (C) 強宗大族壟斷土地，使政府無法獲得足夠稅收
    (D) 公卿大夫世襲，握有政權，促使官僚體制發展

26. 一位地方官員約束粵莊人民，不准參與漳、泉械鬥，並要求他們自備武器糧食，操演軍備，以防守粵莊。這最可能是台灣何時的情況？

    (A) 鄭氏時期   (B) 清領前期
    (C) 清領後期   (D) 日治初期

27. 中國有一宗教，淵源於古代巫祝的傳統與方術中追求長生的思想；因天災疾疫流行，社會動亂頻仍，信徒日眾；後來受到其他宗教的影響，也編纂經典、強化教義及組織，影響漸廣。這是指哪一宗教？

    (A) 道教   (B) 佛教   (C) 禪宗   (D) 白蓮教

28. 某人宣示：你們要遵守我的誡命，不可與你們要去的那地方的居民妥協。相反的，你們要摧毀他們的祭壇，砍倒他們的神柱和神像。這段敘述應來自下列何者？

    (A) 摩西率人出埃及時的聲明
    (B) 周公東征時對軍隊的誓詞
    (C) 墾首對移民台灣者的說法
    (D) 拿破崙率兵征俄時的宣傳

29. 歷史上某一時代農民的處境為：必須負擔力役和實物租稅，不能任意遷徙或從事其他行業。耕種時由地主提供農具、種子、牲畜，農民無法自行決定作物種類，也不得任意在地主的池塘中捕魚、森林中打獵。這是何時何地的情況？
    (A) 二世紀初的雅典
    (B) 十一世紀的法國
    (C) 十六世紀的華北
    (D) 十八世紀的台灣

30. 右表顯示甲、乙、丙三國 1950 年與 1980 年的國民平均生產毛額（以 1985 年的美元為計價標準）。

年　代	1950	1980	成長率
甲　國	1578	11183	609 %
乙　國	3594	13408	273 %
丙　國	8931	15573	74 %

根據本表判斷，甲、乙、丙三國最有可能分別是：
    (A) 甲：英國；乙：法國；丙：西德
    (B) 甲：台灣；乙：蘇聯；丙：日本
    (C) 甲：日本；乙：西德；丙：美國
    (D) 甲：美國；乙：台灣；丙：法國

31. 某博物館收藏一塊石版浮雕，如右圖。從浮雕的內容判斷，這塊石雕最可能的來源是：

    (A) 十六世紀初期探險家在安地斯山發現
    (B) 十八世紀末葉軍隊遠征埃及掠奪所得
    (C) 十九世紀中期科學家從克里特島挖出
    (D) 二十世紀中期考古學家在吐魯番發現

32. 有一時期，政府曾查禁多種書刊，包括《今日之中國》、《亞細亞月刊》、《救國時報》等，理由不一，如：「詆毀本黨及政府」、「言論反動」、「宣傳漢字拉丁化」、「宣傳無政府主義」、「宣傳階級鬥爭」等。這種情形最可能出現在哪一時期？
    (A) 清末滿清政府查緝革命黨時
    (B) 民初北京政府取締新思想時
    (C) 南京國民政府控制思想之際
    (D) 中國大陸發動文化大革命時

33. 人類為了適應環境，往往因地制宜，發展出具有地方特色的物質文化。以中國新石器時代的考古發現為例，下列哪一敘述可以說明上述觀察？
    (A) 南方居室多「干欄式」建築，北方多「半穴居式」建築
    (B) 南方農具多鍛造製成的鐵器，北方多範鑄而成的青銅器
    (C) 南方住民多移徙逐水草而居，北方常深掘溝池、築城邑
    (D) 南方墓葬多為磚造墓室結構，北方多為豎穴土坑木棺槨

34. 有位學者感嘆：竟然有儒者固守舊說，不了解社會變化，仍將工商業看成末流，並有壓抑工商業的主張。他認為工業原本就受到古代聖王肯定，商業又能幫助生產者流通物品，二者都是根本。他這種思想反映何種時代背景？
    (A) 戰國，戰亂頻仍，經濟倒退，才會提倡工商以改善民生
    (B) 魏晉，莊園經濟妨礙商業活動，有識之士提出改善意見
    (C) 隋唐，胡商絡繹來華，壟斷市場，激起民間的反商情結
    (D) 明清，工商業雖然發達，仍有士人對工商業者懷有成見

35. 清末內憂外患頻仍,政府為因應變局,乃進行多次改革。其中廢除八股文、興辦新式學堂、編練新軍、改總理衙門為外務部等措施,其實施的背景是:

    (A) 鴉片戰爭後,朝野提出「師夷之長技以制夷」,開辦新式學堂,改革教育

    (B) 英法聯軍之役後,駐華使節對總理衙門未能平等相待感到不滿,要求改善

    (C) 台灣建省後,劉銘傳在台推行新式教育,成效良好,清廷乃將之擴及全國

    (D) 庚子事變後,慈禧為洗刷反對變法之惡名,且欲對外人示好,故採行新政

36. 一份西方的航海日記記載來台貿易的情景,指出:海岸多沙丘,叢林散布。如能取得木材,適於在港口南側築城,以便控制船舶出入。據漢人言,每年有日船二、三艘來此,向土人購買鹿皮。也有中國船隻載來綢緞織物,與日人交易。這份日記最可能是:

    (A) 十六世紀葡萄牙人探勘蘇澳所寫

    (B) 十七世紀荷蘭人探勘安平時所寫

    (C) 十八世紀英國人探勘淡水時所寫

    (D) 十九世紀法國人探勘基隆時所寫

二、多選題(8分)

說明:第37至40題,每題各有5個選項,其中至少有一個是正確的。選出正確選項,標示在答案卡之「選擇題答案區」。每題2分,各選項獨立計分,每答對一個選項,可得0.4分,每答錯一個選項,倒扣0.4分,完全答對得2分,整題未作答者,不給分亦不扣分。在備答選項以外之區域劃記,一律倒扣0.4分。倒扣到本大題之實得分數為零為止。

37. 1851 年 5 月，英國人舉辦「萬國博覽會」，在倫敦的海德公園興築了一座「水晶宮」，以展示工業革命的各項技術發明。博覽會造成轟動，維多利亞女王還親臨剪綵。在這次博覽會中，遊客有可能看到哪些展示品？
    (A) 鐵軌
    (B) 收音機
    (C) 電話機
    (D) 蒸氣引擎
    (E) 原子筆

38. 十九世紀到二十世紀前期，許多歷史家相信，歷史研究可以去除主觀因素，達到完全客觀的境地。下列哪些說法反映了這種對歷史客觀性的信心？
    (A) 「歷史是一門科學，一點也不多，一點也不少。」
    (B) 「並不是我在說話，而是歷史透過我的口在說話。」
    (C) 「所有的歷史都是當代史。」
    (D) 「我們只要把材料整理好，則事實自然顯明了。」
    (E) 「我讀任何歷史家的書，只要讀上二十頁，馬上可看出他個人的觀點。」

39. 河南偃師二里頭發現的新石器時代遺址中有大型宮殿，有些歷史學者推論：這個社會已粗具「國家」形態，極可能是文獻所載的夏代晚期王都。這些歷史學者的推論依據有哪些？
    (A) 文獻中夏墟的位置與考古發掘的位置相符
    (B) 二里頭遺址的地層年代與傳說的夏代相當
    (C) 二里頭出土文物可以證明夏禹治水的傳說
    (D) 大型宮殿建築反映當時組織動員能力發達
    (E) 大型宮殿建築說明強大權力機構已經存在

40. 1912 年中華民國臨時政府成立不久，頒佈了一連串的命令以展
現新國家新氣象。下列哪些命令可以彰顯民國的「民主共和」、
「自由平等」的精神？
(A) 從嚴查禁鴉片，種植者予以重罰，販賣者沒收銷毀鴉片
(B) 革除對官員的尊稱，不再使用「大人」、「老爺」等稱呼
(C) 勸禁纏足，使婦女免於遭受身體的戕害
(D) 嚴禁販賣華工出洋，以免華人遭外人凌虐
(E) 開放蜑戶、惰民、丐戶等賤民階層一體享有公民權

第貳部分：非選擇題（佔 20 分）

說明：本大題共有 4 題，答案務必寫在「答案卷」上，並於題號欄
標明題號（1、2、3、4）與子題號（A、B、C...）。請依子題
號作答，未標明題號或答錯題號者均不計分。每題配分標於
題末。

1. 下列兩段資料，敘述中國某一城市的娛樂活動：

資料一： 花鼓戲原是在農村流動演出的民間戲曲，婦女以「土
話」說唱，內容多是男女私情故事。某一時期，花鼓
戲在「這城市」風行，「觀者千百人，一日數處」，
引起衛道之士非議，江蘇地方首長下令查禁。不過，
禁者自禁，演者仍演，尤其在租界區，不僅舊戲館未
能禁絕，甚至還開了不少新戲館。

資料二： 不少花鼓戲班進入「這城市」後，在專門戲館長期固
定演出，頗受市民歡迎。報紙報導許多婦女隨意進入
茶館、酒肆、戲園等，「座上客常滿，紅粉居多。」

閱讀上述資料，回答下列問題：

(A) 根據資料一與資料二，此一現象最可能發生於哪一時期？
（2分）

(B) 根據資料一與資料二，「這城市」應是指哪個城市？（2分）

2. 以下有兩段資料，內容反映某一時期日耳曼（Germany）大學學風的變化：

資料一：「幾個世紀來，宣稱有學術優勢的日耳曼大學中，居然沒有人能以文明和優雅的方式寫信、寫詩、寫歷史，而義大利卻不是如此，那裡大學不多，卻很有素質。我為日耳曼感到遺憾，因為在那麼多大學中，我不曾發現有人講述西塞羅（Cicero）。」

資料二：「一位萊比錫（Leipzig）大學的老師感嘆：他年輕時，大學還像個樣，眾多學生中沒有一個詩人。學生去廣場時，腋下若不夾本《簡明邏輯學》，就覺得不光彩。如果偷聽有關味吉爾（Virgil）的演講，就得受處罰。現在，二十名學生中想得學位的還不到一名，且絕大多數想學人文學科。老師上課時沒有學生聽課，而詩人的講座卻聽眾滿座。」

仔細閱讀上述資料，回答下列問題：

(C) 兩段資料反映的是哪個時期日耳曼大學學風的變化？
（2分）

(D) 從資料一到資料二顯示，當時日耳曼大學學風的主要特色有怎樣的轉變？（2分）

(E) 從資料一與資料二中，舉出一項可具體說明此一變化的關鍵詞。（2分）

3. 閱讀下列兩段資料，回答問題：

資料一： 「台灣自古不屬中國。我皇考（先帝）神武遠屆，拓
入版圖。（先帝）末年逆賊朱一貴倡亂攻陷府城及全
台各地，諸臣夙稟方略，士卒感戴教養之恩，七日克
服，破賊數萬。」

資料二： 乾隆五十三年（1788）諭：「此次台灣剿捕逆匪，該
處義民隨同官兵打仗殺賊，甚為出力；業經降旨將廣
東、泉州等莊賞給『褒忠』、『旌義』里名，用示鼓
勵。」

(F) 資料一所提及的「皇考」，係指哪位皇帝？（2分）

(G) 資料一朱一貴起兵抗清，曾攻陷「府城」，當時的府城係指
現今何地？（2分）

(H) 資料二乾隆皇帝所提及的「逆匪」，係指何人？（2分）

4. 閱讀下列兩段資料，回答問題：

資料一： 某一時期士大夫重視儒家學說，紛紛重新編注《四
書》，形成「新儒學」。政府也下令封贈孟子為鄒國
公，配享孔廟，孟子地位逐漸提高。

資料二： 某位皇帝即位後，讀《孟子》至「君之視臣如犬馬，
則臣視君如國人；君之視臣如土芥，則臣視君如寇
讎」時，非常生氣，下令罷孟子配享，即日逐出殿
外，群臣敢有諫勸者，以大不敬論。

(I) 資料一所指的是哪一朝代？（2分）

(J) 資料二「某位皇帝」非常生氣，主要是不滿孟子的什麼思
想？（2分）

九十六年度指定科目考試歷史科試題詳解

第壹部分：選擇題

一、單選題

1. **D**

　　【解析】(D) 由題目中「社會階級的區分是建立在宗教理論上」，
　　　　　　　知應指實行「種姓制度」的古代印度。阿利安人
　　　　　　　「種姓制度」將人分為婆羅門、剎帝利、吠舍、首
　　　　　　　陀羅四種階級，建立在婆羅門宗教理論上；

　　　　　　(A) 先秦中國依封建制度，將社會分成貴族、平民與奴
　　　　　　　隸階級，非宗教；

　　　　　　(B) 古希臘城邦政治，階級根據出身與後天努力，非宗
　　　　　　　教；

　　　　　　(C) 中古歐洲雖受宗教影響，但貴族與農民依其出身、
　　　　　　　財富來區分，亦非宗教。

2. **B**

　　【解析】(B) 這段話引自傅斯年在《新潮》雜誌上發表的文章；
　　　　　　　當時是「新文化運動」時期，知識分子肯定民主科
　　　　　　　學，認為民主和科學是推動中國的兩個輪子，中國
　　　　　　　要迎頭趕上歐美必須「科學和民權並重」，提出「德
　　　　　　　先生」（Democracy 民主）和「賽先生」（Science
　　　　　　　科學）兩大口號，取代傳統觀念；

　　　　　　(A) 清末革命主張民族主義等；

　　　　　　(C) 1934 年蔣中正提倡「新生活運動」，以「禮義廉恥」
　　　　　　　為目標；

　　　　　　(D) 1966 年代毛澤東發起「文化大革命」，整肅「反革
　　　　　　　命」分子。

3. **C**

【解析】 (C) 這段話引自王德威文章，中華民國遷臺後，在動員
　　　　　 戡亂體制及「反共抗俄」國策下，四十年代提倡
　　　　　 「反共文學」、「懷鄉文學」，忽視本土文化，到
　　　　　 1998 年辜汪會談與 1999 年「兩國論」提出，作家
　　　　　 感嘆四十年代的「反共文學」處境，如題目描寫的
　　　　　 「『漢』『賊』早已兩立，『敵』『我』正在言歡」的
　　　　　 情形，諷刺「逝去文學」指「反共文學」－此題目
　　　　　 與王德威文章意思可能不合。

4. **B**

【解析】 (B) 這是史家錢穆（賓四）《國史大綱》的觀點，秦
　　　　　 漢統一後確立中國版圖，把蠻夷戎狄融入中華民
　　　　　 族中，創建皇帝制度及官僚系統，秦統一文字、
　　　　　 漢武帝獨尊儒術，為中國學術思想之奠定。

5. **D**

【解析】 (D) 日本治臺初期，採取武官總督統治、武力鎮壓方
　　　　　 式，到第一次世界大戰結束後，受到美國總統威
　　　　　 爾遜提出「民族自決」的影響，1919 年開始推動
　　　　　 文官總督統治及同化（內地延長）政策，要台灣
　　　　　 人認同日本，題意就是內地延長主義的同化政策；
　　　　　 (A)(B)(C) 為武官總督及武力鎮壓時期。

6. **D**

【解析】 (D) 十八世紀的啟蒙運動時上層社會人士附庸風雅，
　　　　　 形成貴婦邀請文人雅士於沙龍聚會討論的風氣。

7. **C**

【解析】 (C) 從題目中的「選民」、「可以爲上帝勞動而致富」可知其經濟觀念爲宗教改革時喀爾文派的主張。

8. **B**

【解析】 (B) 從題目中的「政府部門急遽膨脹與男子短缺」，應和第一次世界大戰男性赴戰場作戰有關，後方工作由女性承擔，提升女性的地位，戰後英國通過成年婦女擁有投票權的法案；

(A) 時間不符；

(C) 時未有男子短缺現象；

(D) 時男女已相當平等。

9. **D**

【解析】 (D) 荷蘭治臺後，稻米與蔗糖一直是臺灣重要的出口商品，米與糖以臺灣南部爲主要產地，故臺灣南部成爲臺灣各方面的中心；清領後期臺灣開港後，茶葉成爲臺灣最重要的出口商品，佔外銷一半以上，茶葉產地主要在北部丘陵地帶，茶葉外，臺灣中北部的產物－樟腦也在開港後大量外銷，北部的經濟力提高，臺灣的政治經濟重心逐漸由南部轉移至北部。

10. **A**

【解析】 (A) 由題目中「保留象徵自由、平等、博愛的三色旗」知是法國大革命時期的人物；他號稱「革命之子」即指建立法蘭西帝國的拿破崙；

(B) 克倫威爾在清教徒革命後，建立共和政權，不符合題目「行絕對君權」；

(C) 袁世凱稱帝，將民主共和恢復為君主專制，非新舊
　　秩序的混合；

(D) 凱末爾建立的為共和政權，不符合題目「行絕對君
　　權」。

11. **D**

【解析】 (D) 由題目「在這塊長期遭受種族迫害的土地上」可知
　　　　　這個國家長期實行種族隔離政策，指南非在1948～
　　　　　1991 年間長期實行種族隔離政策，「英雄」黑人領
　　　　　袖曼德拉對抗這種不公平種族隔離政策長期奮鬥而
　　　　　入獄，1991 年南非終於取消種族隔離政策，1995
　　　　　年南非大選，曼德拉當選總統；

　　　　(A) 1860 年美國大選林肯當選總統，此時奴隸尚未廢
　　　　　除，南北戰爭（1861-65 年）後，美國黑人僅獲得
　　　　　人身自由，尚不能行使公民權－投票權；

　　　　(B) 美國 1964 年才通過《民權法案》，宣布種族隔離
　　　　　和歧視為非法，1960 年時黑人並未擁有投票權；

　　　　(C) 古巴頭子卡斯楚並無對抗種族隔離政策。

12. **A**

【解析】 (A) 由題目「我只接受《聖經》的權威和自己良心的約
　　　　　束」，認為《聖經》才是教義的根源，這是宗教改革
　　　　　時馬丁路德新教（基督教）的主張；

　　　　(B) 伽利略證實哥白尼「地球繞日說」激怒教宗，在教
　　　　　會壓迫下被迫否定自己的理論。

13. **C**

【解析】 (C) 腓特烈大帝是十八世紀啟蒙運動時普魯士王國的開
　　　　　明專制帝王，首創歐洲的文官制度，並建立強大的
　　　　　軍隊，國力日漸強大，後來繼承者才能領導德意志
　　　　　的統一運動；

(A) 十七世紀彼得大帝在位時未出現「開明專制」；

(B) 明治維新後的日本是君主立憲制的國家，並非開明專制；

(D) 加富爾主政時義大利已實行君主立憲制度，並非開明專制。

14. **C**

【解析】(C) 寫實主義是工業革命後對浪漫主義的反動，著眼於描繪具體的事實，並將科學的原理應用在社會現實的分析上；

(A) 古典主義以古希臘、羅馬文學為典範，強調理性，永恆不變的原則；

(B) 浪漫主義特別強調個人的感情與辭藻，並質疑科學與理性；

(D) 二十世紀的存在主義懷疑科學、理性可以解決人生的問題，主張人完全自由，能自由選擇生命的意義與目的，人要為自己的選擇和行為負責。

15. **C**

【解析】(C) 圖畫的左方是一排紡織機，還發現圖中被鞭打奴役的是兒童與女性，配合標題「英格蘭白人奴工」，知道是十八世紀後期，英國工廠對童工與女工的壓榨；

(A) 與英國人壓榨奴工不符；

(B) 十八世紀澳洲主要作為流放罪犯的地區，罪犯大多為成年男性；

(D) 二次大戰期間納粹集中營中的英國戰俘應為成年男性。

16. **B**

【解析】 (B) 題目中有「因為信佛者甚眾，影響國計民生，所以強迫僧侶還俗，甚至徵調為兵；又沒收寺產，充為國用，因此「租調年增，兵師日盛」，我們可知這篇論文主題說明寺院與經濟的關係，題目提到的君主為「三武之禍」之一的北周武帝，北周武帝迫害佛教，使佛教大受打擊。

17. **A**

【解析】 (A) 古希臘城邦因人口過剩，耕地不足，加上找尋原料與開闢市場等因素，許多居民向外殖民，他們比照自己的母邦，建立獨立自主的城邦。新殖民城邦隨即發展與母邦相似的經濟生活，產生與母邦相似的社會、政治紛爭；

　　　　 (B) 英國清教徒向外移民原因是受到宗教迫害；

　　　　 (C) 十九世紀初，中國人移民東南亞，但並未建立獨立自主的城邦；

　　　　 (D) 二十世紀猶太人因宗教及政治因素移民巴勒斯坦。

18. **A**

【解析】 (A) 題目「序君臣上下」，可知此學派重視「君臣上下之序」，指的就是儒家，後面提及此派「內容廣博，卻不易掌握其要點；學習者雖花力氣，獲得的成效卻很少」，這指儒家思想博大精深不易實踐。

19. **C**

【解析】 (C) 同治年間左宗棠率領湘軍子弟兵，平定新疆回亂，這是左宗棠的最大功勞，詩人楊昌濬詩：「大將西征人未還，湖湘子弟滿天山；新栽楊柳三千里，引得春風度玉關」。

20. A

【解析】 (A) 匈奴在東漢初分裂爲南北匈奴，南匈奴內附，常受
漢人欺凌，雖有王侯名號，卻無實際的領土，與平
民無異，後來乘西晉八王之亂，匈奴族劉淵起兵，
建立政權；

(B)(C)(D) 都是在塞外壯大後，武力入侵中國建立政權。

21. C

【解析】 (A) 資料一「妻上吊自殺，丈夫不受處分。如果是夫因
此上吊自殺，妻要被判處「絞刑」中可知當時法律
男女並不平等，(A) 錯；

(B) 資料二可知皇帝指示改判，「皇帝尊重官員的判決，
也遵照法律規定判刑」，(B) 錯；

(D) 皇帝改判的理由在於對三綱倫常的重視，(D)「皇帝
任意破壞法律，使法律喪失維護綱常名教的功能」
錯，故選答案 (C)。

22. A

【解析】 (A) 長江中游洞庭湖流域的開發主要是在明代，此時長
江下游三角洲棉紡織業快速發展和市鎮的成長，原
先屬於有餘糧輸出的長江下游地區，因生產結構改
變爲棉紡織業，需要糧食輸入，兩湖地區遂成爲糧
食的主要供應地區，「湖廣熟，天下足」取代「蘇
常熟，天下足」；

(B) 唐末五代後，經濟重心轉移南方，戰亂大多在北方；

  (C) 宋代後，江南地區開墾新耕地，如梯田、圩田、湖
    田等，並普遍使用灌溉工具－龍骨踏車、水輪等，
    南方農業發達；

  (D) 明代中葉新作物番薯、玉米、馬鈴薯、花生等的傳
    入，種植地方多為福建等山坡旱地，非長江三角洲。

23. **D**

 【解析】　(D) 對聯出自二二八事件中被殘酷殺死的花蓮名醫張七
    郎，「五十一年婢僕垂死重生」中的「五十一年」
    是關鍵處，第二次世界大戰日本戰敗，結束在臺灣
    五十一年統治（1895～1945年）。

24. **C**

 【解析】　(C) 宋代商業繁榮，庶民文化出現，城市中茶館酒樓林
    立，娛樂場所－瓦子、勾欄提供民眾各種娛樂表演
    如說書、演戲等娛樂盛行；

  (A) 明清才出現商幫勢力興起；

  (B) 唐代早期有市（里）坊制，每晚關閉坊門，唐末宋
    代後廢除里坊制，取消夜禁，出現夜市；

  (D) 宋代庶民文化興盛，士大夫也關心庶民文化，茶館
    成為大家共同活動場所。

25. **B**

 【解析】　(B) 宗法「親親」、「尊祖」與「敬宗」淡化原因：
    (1) 時（後代疏遠）
    (2) 空（地域懸隔），西周中期後封建體制鬆動，宗
     法關係也逐漸疏遠；

(A) 敬宗－宗廟祭祀由宗子（大宗）主持，活動與規模有一定限制；

(C) 封建制度是周天子將土地分封給諸侯，諸侯再分封給卿大夫，強宗大族不能壟斷土地；

(D) 秦始皇開始中國官僚制度。

26. **B**

【解析】 (B) 由題目中的「漳、泉械鬥」，可知為清廷治理臺灣的前期，因清朝統治台灣之初實行移民三禁，使台灣男女比例懸殊，造成社會衝突嚴重，經常爆發械鬥。

27. **A**

【解析】 (A) 由題目中「淵源於古代巫祝的傳統與方術中追求長生的思想」即可知是道教；

(B) 佛教印度釋迦牟尼創立，教義棄絕慾念，修行達到涅槃的境界；

(C) 禪宗為佛教一宗派，強調「不重文字，重實踐，直指人心、見性成佛」；

(D) 白蓮教是佛教的分支，融合明教、彌勒教而成。

28. **A**

【解析】 (A) 由題目中「摧毀他們的祭壇」、「砍倒他們的神柱和神像」，即指《聖經》記載摩西率希伯來（猶太、以色列）人出埃及時宣示《十誡》，包括「不可信仰耶和華以外的神」、「不可製造偶像與拜偶像」；其他答案皆與宗教無關。

29. **B**

【解析】 (B) 由題目「不能任意遷徙或從事其他行業」可知為歐洲中古（五－十四世紀）封建社會；答案中的中國、台灣(C)(D) 無此限制，具有人身自由，繳交租稅即可。

30. **C**

【解析】 (C) 第二次世界大戰後，世界經濟實力最強者為美國，丙國國民平均生產毛額最高，選項中日本、德國為戰敗國，法國為大戰戰場，故丙國為美國；第二次世界大戰後，日本是戰敗國，在美國援助下，創造日本經濟奇蹟，國民平均生產毛額大幅增加，甲國國民平均生產毛額成長率 609%，應是日本。

31. **B**

【解析】 (B) 浮雕中人物的服裝與髮飾，及正中央的太陽可知為崇敬太陽神的埃及人之古物。十八世紀末葉（1798年）拿破崙率軍遠征埃及，挖出埃及古物，掀起古埃及學研究的序幕。

32. **C**

【解析】 (C) 南京國民政府成立後，從反共清黨到北伐後實施訓政，中國國民黨以黨治國，控制思想不遺餘力；「宣傳階級鬥爭」來自共產黨，此思想在民初新文化運動時傳入，故查禁「宣傳階級鬥爭」，(A) (D) 答案不正確；

　　　　 (B) 民初新文化運動時，各種新思想傳入中國，中國南北政府分裂無餘力壓制思想。

33. **A**

【解析】 (A) 中國新石器時代北方氣候乾燥，居民多採「半穴居」建築，南方氣候潮濕，居室以「干欄式」建築為主；

(B) 新石器時代無鐵器（西周才有）；

(C) 南方水源豐富無須逐水草而居，居民多過農業生活；

(D) 新石器時代磚塊尚未發明。

34. **D**

【解析】 (D) 這是明末清初學者黃宗羲的感嘆，當時工商業繁榮，有人放棄傳統「農為本，商為末」的觀念，商人的地位因而提高，仍有士人對工商業者懷有成見；

(A) 戰國中葉商鞅變法制訂「重農抑商」的政策，規定營事末利（工商）者沒為奴婢；

(B) 魏晉戰亂頻繁，北方人建塢堡行莊園制度，不會反莊園；

(C) 隋唐胡商難壟斷市場。

35. **D**

【解析】 (D) 「廢除八股文、興辦新式學堂、編練新軍、改總理衙門為外務部」等措施為庚子事變（八國聯軍）後，慈禧為洗刷反對（戊戌）變法之惡名，且欲對外人示好，故採行庚子後新政（慈禧變法）。

36. **B**

【解析】 (B) 由「每年有日船二、三艘來此，向土人購買鹿皮。也有中國船隻載來綢緞織物，與日人交易」知是十七世紀荷蘭人探勘安平時所寫，十七世紀後期日本德川幕府採行「鎖國政策」，日本人退出經營台灣。

二、多選題

37. **AD**

【解析】(A) 1812 年英國人史蒂芬孫發明火車，鐵軌就逐漸鋪設；

(D) 1769 年瓦特改良蒸氣機經用於工廠，十九世紀初史蒂芬生發明蒸氣火車，蒸氣引擎出現；

(B) 收音機發明在十九世紀末與二十世紀初－無線電發明之際；

(C) 電話機於 1875 年貝爾發明；

(E) 原子筆於 1938 年時匈牙利記者發明。

38. **ABD**

【解析】(A) 將歷史視為絕對客觀的科學；

(B) 強調證據會說話的客觀精神；

(C) 出自克羅齊認為歷史不具客觀性；

(D) 相信證據會說話，歷史是客觀的；

(E) 認為歷史都有個人的主觀意識。

39. **ABDE**

【解析】(A) 二里頭文化位於河南和山西，與文獻中夏墟的位置相符；

(B) 二里頭遺址距今約四千多年，與傳說中的夏代時代相當；

(C) 二里頭遺址未發現有關治水的遺跡；

(D)(E) 二里頭遺址出現大型宮殿建築證明當時政權強大、動員能力發達。

40. **BCDE**

【解析】 民初《臨時約法》規定中華民國人民一律平等，無種族、階級、宗教之區別，人民享有人身、集會結社等自由；人民有請願、選舉及被選舉等權利；

(B) 「革除對官員的尊稱，不再使用「大人」、「老爺」等稱呼，互稱『君』或『先生』」，達到人格平等；

(C) 「嚴令剪除髮辮、禁止纏足、取締賭博、廢止跪拜等」革除社會舊習；

(D)、(E)「基本人權的保障」；

(A) 清末便查禁鴉片，但民初北洋軍閥對鴉片種植並不嚴格禁止，到北伐後才嚴格禁止。

第貳部分：非選擇題

1. 【解答】 (A) 清末民初
   (B) 上海

2. 【解答】 (C) 文藝復興時期
   (D) 走向人文主義
   (E) 味吉爾（Virgil）的演講、【講述西塞羅（Cicero）、想學人文學科】

3. 【解答】 (F) 康熙
   (G) 台南
   (H) 林爽文

4. 【解答】 (I) 宋朝
   (J) 君臣相互尊重（君權不是絕對、君臣對應、民本思想、民貴君輕）的思想

九十六學年度指定科目考試（歷史）
大考中心公佈答案

題　號	答　　案	題　　號	答　　案
1	D	21	C
2	B	22	A
3	C	23	D
4	B	24	C
5	D	25	B
6	D	26	B
7	C	27	A
8	B	28	A
9	D	29	B
10	A	30	C
11	D	31	B
12	A	32	C
13	C	33	A
14	C	34	D
15	C	35	D
16	B	36	B
17	A	37	AD
18	A	38	ABD
19	C	39	ABDE
20	A	40	BCDE

九十六學年度指定科目考試
各科成績標準一覽表

科　目	頂　標	前　標	均　標	後　標	底　標
國　文	70	64	56	45	36
英　文	60	46	26	13	7
數學甲	62	49	33	20	11
數學乙	72	60	43	27	17
化　學	74	61	41	24	15
物　理	68	51	27	12	5
生　物	84	74	56	40	31
歷　史	75	68	55	40	28
地　理	56	50	40	30	21

※ 以上五項標準均取爲整數（小數只捨不入），且其計算均不含缺考生之成績，計算方式如下：

頂標：成績位於第88百分位數之考生成績。
前標：成績位於第75百分位數之考生成績。
均標：成績位於第50百分位數之考生成績。
後標：成績位於第25百分位數之考生成績。
底標：成績位於第12百分位數之考生成績。

例：　某科之到考考生爲99982人，則該科五項標準爲

　　頂標：成績由低至高排序，取第87985名（99982×88%＝87984.16，取整數，小數無條件進位）考生的成績，再取整數（小數只捨不入）。

　　前標：成績由低至高排序，取第74987名（99982×75%＝74986.5，取整數，小數無條件進位）考生的成績，再取整數（小數只捨不入）。

　　均標：成績由低至高排序，取第49991名（99982×50%＝49991）考生的成績，再取整數（小數只捨不入）。

　　後標：成績由低至高排序，取第24996名（99982×25%＝24995.5，取整數，小數無條件進位）考生的成績，再取整數（小數只捨不入）。

　　底標：成績由低至高排序，取第11998名（99982×12%＝11997.84，取整數，小數無條件進位）考生的成績，再取整數（小數只捨不入）。

九十五年大學入學指定科目考試試題
歷史考科

第壹部分：選擇題（佔 80 分）

一、單選題（72 %）

說明：第 1 至 36 題，每題選出一個最適當的選項，標示在答案卡之
　　　「選擇題答案區」。每題答對得 2 分，答錯或劃記多於一個
　　　選項者倒扣 2/3 分，倒扣至本大題之實得分數為零為止，未
　　　作答者，不給分亦不扣分。

1. 史家不離事而言理，客觀精神乃是歷史寫作的第一守則。在描寫
　 一個歷史事件時，下列哪一項最不易受到史家主觀因素的影響？
　 (A) 事件發生的時地　　　　　(B) 事件的前因後果
　 (C) 事件的歷史意義　　　　　(D) 事件的是非評價

2. 二十世紀時，中國發生過兩次澎湃的青年運動：1919 年的「五四
　 運動」與 1989 年的「六四民運」。兩個運動發生的歷史背景有異，
　 卻抱持某些相同的目標。這些相同的目標主要是什麼？
　 (A) 啟蒙與救亡　　　　　　　(B) 自由與民主
　 (C) 富國與強兵　　　　　　　(D) 德先生與賽先生

3. 歷史家比較十八世紀以後東、西方各自擁有的優勢，指出：「歐
　 洲人發源自小城邦與民族國家，對令人昏眩的數量特別敏感。對
　 他們來說，亞洲代表的就是數字驚人，歐洲只能以優勢的技術與
　 之對抗。」文中所說「令人昏眩的數量」、「數字驚人」，最可
　 能是指下列何者？
　 (A) 廣袤的土地　　　　　　　(B) 眾多的人口
　 (C) 龐大的軍隊　　　　　　　(D) 豐富的物產

4. 1624年到1661年間，荷蘭聯合東印度公司佔有臺灣，以之為基地
進行東亞貿易。當時，臺灣哪一種出口商品最具國際競爭力和知
名度？
(A) 蔗糖　　　　(B) 樟腦　　　　(C) 稻米　　　　(D) 茶葉

5. 某個時期，一些飽受異族壓制的國家，出現饒富民族風味的音樂。
作曲家刻意擷取民歌素材，讓世代相傳的歌謠、舞曲與宗教樂曲，
滲入各種音樂形式，藉之發抒對國家自由的企望，建立國民對傳
統的自信與驕傲。這種音樂風格最主要盛行於下列何處？
(A) 文藝復興時期的義大利北部
(B) 拿破崙佔領下的日耳曼地區
(C) 奧匈帝國統治時的東歐地區
(D) 蘇聯極權控制下的鐵幕國家

6. 某生向圖書館借閱《利瑪竇中國札記》、《蘇州府志》、《唐伯
虎集》三種書籍，計畫寫一篇小論文。下列何者最可能是這篇論
文的主題？
(A)〈唐代蘇州的風俗〉　　　(B)〈元代的海外貿易〉
(C)〈明清江南的文人生活〉　　(D)〈晚清西學的輸入〉

7. 一本教科書描述某地區的宗教生活：「在這個地區，它一直是居
於主流地位的宗教，現在仍是大多數人的虔誠信仰。過去，年輕
男人幾乎都按慣例，到寺院度過兩年時光，現在這樣做的人也很
多。他們要剃光頭、披黃色袈裟、捧討飯缽。成年以後，他們也
要為正道做出許多犧牲。」這個地區盛行的應是下列哪一種信仰？
(A) 藏傳佛教　　　　　　　　(B) 婆羅門教
(C) 大乘佛教　　　　　　　　(D) 小乘佛教

8. 在追求現代化的過程中，傳統中國的許多特質已不復見於現代中國，但有些傳統特質則仍舊保留下來。下列哪項特徵，在傳統與現代中國都看得到？
   (A) 以農業爲國家經濟發展的終極目標
   (B) 統治者強調平等，反對有階級差異
   (C) 以天朝對待藩屬的體制與各國交往
   (D) 在統治方式中特別強調文化的力量

9. 右邊是一幅古代希臘世界地圖，圖中哪一個地區是《荷馬史詩》故事發生地與希臘科學思想萌芽的地方？

   (A) 甲
   (B) 乙
   (C) 丙
   (D) 丁

10. 某殖民國家在殖民地舉行「衆神昇天」活動：在活動中先行祭拜殖民地原有宗教的神祇，請祂們回到天上，然後將理論上已不具神性的神像移走，再以殖民國本身的宗教取代之。這最可能是以下哪一種情況？
    (A) 日本人在台灣以神道教取代民間的宗教
    (B) 阿拉伯人在北非以回教取代非洲的宗教
    (C) 英國人在印度以英國的國教取代印度教
    (D) 西班牙人在南美以天主教取代馬雅宗教

11. 歐洲歷史上有一時期，文人雖然學識淵博，卻只能在巨室富家中擔任教師，或在王公貴族處擔任幕僚，無法靠寫書維生。不過，他們爲求發抒己見，仍勤於著述。這最可能出自下列何種知識環境？

    (A) 十二世紀教會壓制異端，箝制思想，控制出版

    (B) 十六世紀閱讀大眾尚未形成，文人難以此爲生

    (C) 十八世紀王權高漲，壓抑異議人士，文人噤聲

    (D) 二十世紀極權主義興起，新聞出版業受到壓制

12. 二十世紀初期，歐洲發生這樣的文化變遷：「巴黎、柏林或倫敦的嗜好和說話腔調，傳佈到國內最遙遠的鄉村。根深蒂固的地方文化開始被全國性文化取代，各國生活方式也愈來愈受到國際消費文化的影響。」下列何者是促成這種變化的主要媒介？

    (A) 報紙和廣播　　　　　(B) 鐵路與飛機

    (C) 電視和電影　　　　　(D) 網路與漫畫

13. 日治初期，官方曾經統計臺灣三個族群之女性纏足人數和比例，如下表：

族群別	纏足人數	纏足比例
甲	797347	68.0 %
乙	2881	1.5 %
丙	224	50.2 %

    根據此表的數據，下列分析何者最爲合理？

    (A) 乙爲原住民，因其人口不多，故纏足人數比較少

    (B) 丙爲日本人，因來臺時間短，故纏足人數也較少

    (C) 乙爲粵人，因女性參與勞動者多，纏足比例較低

    (D) 丙爲閩人，其男女地位不平等，故纏足者比例高

14. 皇帝和大臣討論如何選拔人才。大臣主張：應該只問他們個人能力的高低，不要計較他們的家世背景。皇帝反對大臣的說法，強調歷時久長的世家才是培養人才的沃土，所以是選拔優秀人才的重要標準。這件事最可能發生在哪個時期？
    (A) 秦、漢　　(B) 南北朝　　(C) 宋、元　　(D) 明、清

15. 「敵方坦克與大炮已進入首都郊區，美軍直昇機在建築物樓頂與航空母艦之間往返不停，將美國公民與少數當地領導人送到安全處。數萬名曾經支持美國政策的當地人在最後關頭都遭到拋棄，甚至連他們替美國提供情報的記錄都來不及銷毀。」這最可能是下列哪一場戰爭的最後場景？
    (A) 越戰　　(B) 韓戰　　(C) 波灣戰爭　　(D) 國共內戰

16. 1860年英法聯軍時，英國人可以輕易地雇到中國勞工為英國侵華戰爭工作；但到1884年中法戰爭時，香港的苦力卻拒絕幫法國的船隻裝貨。下列何者最能解釋這種現象？
    (A) 1860年中國勞工為英軍工作，印證「工人無祖國」的說法
    (B) 1884年時，中國勞工生活已大為改善，毋須再替外人賣命
    (C) 西方列強一連串的侵略中國，激發了中國勞工的民族情感
    (D) 中法戰爭波及香港，影響生計，故當地苦力不願為敵效力

17. 1884年，美國芝加哥出現了世界上第一棟「摩天大樓」。此後，高聳林立的大樓逐漸改變現代城市的面貌，構成二十世紀都會的重要景觀。「摩天大樓」工程難度甚高，其所以能夠出現與下列哪一項因素最相關？
    (A) 煉鋼工業的發展　　(B) 混凝土的發明
    (C) 玻璃帷幕的應用　　(D) 建築設計能力提升

18. 歷代中國百姓為了逃避徭役，常常隱匿人丁不報。但是在某一項稅制改革以後，百姓就不需要再隱匿人口了。這一項稅制改革應是下列何者？
    (A) 北魏的均田制　　　　(B) 中唐的兩稅法
    (C) 明代的一條鞭法　　　(D) 清代的攤丁入畝

19. 一份文獻記載：這位軍事領導人抵臺不久，即召開軍事會議，並宣布：除了留下少數部隊負責防守外，其他的戰士都以部隊為單位，配給土地，進行開墾。這位軍事領導人應是下列何者？
    (A) 施琅　　　　　　　　(B) 鄭成功
    (C) 樺山資紀　　　　　　(D) 蔣介石

20. 一本回憶錄描述：「那一段時間，我每天接受強迫勞動、學習、寫交代、寫檢查、寫思想匯報。任何人都可以責罵我、教訓我、指揮我。從外地來串連的人，可以隨意點名叫我去示眾，還要自報罪行。這個時候，大規模的群眾性批鬥還沒有開始，但已經越來越逼近了。」這裡描寫的景象應是下列何者？
    (A) 史達林統治時期，蘇聯異議份子受到批鬥
    (B) 希特勒當政時期，德國的猶太人備受迫害
    (C) 二二八事變期間，台灣菁英人士橫遭鎮壓
    (D) 文化大革命期間，中國知識份子慘遭鬥爭

21. 十七世紀時，荷蘭聯合東印度公司雇用著名的印刷業家族，為公司繪製航海地圖。繪圖人員受雇後，必須在阿姆斯特丹市長的面前起誓，答應要保守秘密，不讓航海圖上的資訊外流。聯合東印度公司此一作法最主要是出自何種考量？
    (A) 戰爭　　(B) 商業　　(C) 文化　　(D) 外交

22. 某位史家指出：中國現代史上，有一位領袖領導的政府，為中國建立了一個現代國家的上層管理階層；而另一位領袖領導的政權，則建立了以農村為基礎的下層社會經濟秩序。這兩位領袖最可能是下列何者？
    (A) 洪秀全、曾國藩　　　(B) 孫中山、蔣介石
    (C) 蔣介石、毛澤東　　　(D) 毛澤東、鄧小平

23. 威廉‧瓊斯爵士（Sir William Jones）是十八世紀英國駐印度殖民地法官，受過歐洲的古典教育，卻迷上印度文化。他精通波斯語、梵語和近代印度語言，如孟加拉語、印地語。他為文指出：這些印度語言之間，還有它們跟希臘語、拉丁語與近代歐洲語言之間，都存在有密切的關係。我們應如何理解瓊斯爵士此一語言學「發現」？
    (A) 具有歷史根據。亞歷山大東征時曾征服印度北部，將希臘語傳入印度
    (B) 缺乏歷史根據。瓊斯個人因為雅好印度文化，以致產生此一文化幻想
    (C) 有語言學根據。印度人源自雅利安人（Aryan），是印歐民族的一支
    (D) 出自政治動機。殖民官員為拉攏印度民心，刻意製造神話，以利統治

24. 牡丹社事件發生時，日本某報刊登了一幅臺灣地圖，如圖。這一幅地圖應如何解讀，最為合理？
    (A) 橫畫台灣地圖，顯示明治維新初期，日人地理知識不足

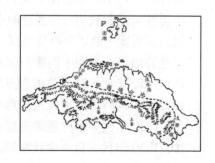

(B) 日人擅劃漢、番疆界，刻意挑動兩者矛盾，冀從中漁利

(C) 強調清朝主權不及於台灣東部，意圖合理化其侵台行動

(D) 日軍刻意披露對台軍事計畫，以爭取日人支持政府決策

25. 漢武帝派遣使臣出使西域，足跡及於今阿富汗、巴基斯坦、伊朗、印度等地。幾位同學討論這一事件的重要歷史意義，下列何種說法最適當？

(A) 這只是一時的戰略需求，並無後續影響

(B) 漢朝因此擊潰匈奴，漢文化才得以延續

(C) 漢朝得以佔領西域，進而主導中亞貿易

(D) 中國得以認識西域情勢，開展文化交流

26. 唐代法律規定：「奴婢等同於家產」，同時規定解放奴婢的程序如下：由一家之主的家長給予證明書，但證明書須由諸子共同連署，然後送交本地官府，依據法定程序來辦理。關於這項規定，以下說明何者最合適？

(A) 法律程序顯示當時家長權力的獨大

(B) 諸子共同連署顯示嫡長子地位下降

(C) 法律反映財產觀念是以家庭為單位

(D) 這段資料不足以反映家長權的大小

27. 「這一個共和生存下來了，但在議會政治的外表下，真正的主宰是專制、自主的軍官團，大的企業組合，與專業的文官系統。」「這些集團對政治自由並無執著精神，如果議會政權在外交或經濟方面失敗，他們會將其推到一邊，而喜歡比較有效率的體制。」這些評論是在說明下列哪一個政治現象？

(A) 1850 年代，路易拿破崙獲得支持的原因

(B) 1916 年時，袁世凱膽敢進行帝制的緣由

(C) 1920 年代，納粹運動在德國興起的背景

(D) 1930 年代，日本少壯派軍人奪權的基礎

28. 清代一位官員報告：臺灣南北各廳縣生產的米穀，首先要用牛車載運至沿海港口，再用舢舨等小船，沿著海岸運到府城鹿耳門，才能裝載於橫洋大船，轉運至廈門。下列敘述何者最能全面性地解釋此種現象？
    (A) 臺南不生產米穀，仰賴南北供應
    (B) 臺灣島內南北向的長途陸運困難
    (C) 臺灣僅鹿耳門港深足以停靠大船
    (D) 臺灣的沿海航運比遠洋還要發達

29. 某個時代，有人主張學問要自有心得：讀孔子之書，必須與自己的經驗相印證；如果心中不以為然，那麼，即使是孔子之言，也不能承認就是對的。這種思想觀念傳播甚廣，知識界於是出現了不少特立獨行之士。這最可能是以下哪類人物的主張？
    (A) 諸子百家　　(B) 竹林七賢　　(C) 陽明學派　　(D) 五四健將

30. 有一座農莊，莊內農民約定成俗，以下表顯示的方式，進行集體耕作：

	耕地甲	耕地乙	耕地丙
第 1 年	裸麥或冬麥	燕麥或豌豆	休　　耕
第 2 年	燕麥或豌豆	休　　耕	裸麥或冬麥
第 3 年	休　　耕	裸麥或冬麥	燕麥或豌豆

這應該是下列哪一種時空下的農莊？
    (A) 先秦時代的黃土高原
    (B) 拓荒時期的美國西部
    (C) 隋唐時代的關中平原
    (D) 中古時期的西歐地區

31. 過去，政府以徭役的方式徵調工匠，在官府作坊從事生產。但隨著社會經濟的改變，自某個時期起，政府開始從民間雇傭工匠，甚至不再經營手工業作坊，改成直接向民間購買。這裡所說的「某個時期」，最早可能是下列何者？
    (A) 漢晉之間
    (B) 唐宋之間
    (C) 元明之間
    (D) 明清之間

32. 一位來臺的官員觀察到：某些地方居民「將鵝毛管削尖，沾取小筒貯存的墨汁，自左而右橫向書寫，登記政府的文告以及稅收數量」。下列哪一種文獻的形成與這位官員看到的文化現象有關？
    (A) 《巴達維亞日記》
    (B) 《新港文書》
    (C) 《淡新檔案》
    (D) 《岸裡社文書》

33. 某書描述歷史上某一勢力：「它曾是世界上首屈一指的經濟強權，經由遍佈亞洲、歐洲和非洲的廣大商務網及交通網，交易種類繁多的商品：從非洲進口奴隸和黃金，從歐洲進口奴隸和羊毛，並與亞洲文明國家交易糧食、香料和各式各樣的織品。」這個勢力最可能是下列何者？
    (A) 二世紀時的羅馬帝國
    (B) 十四世紀的拜占庭帝國
    (C) 九世紀的阿拔斯帝國
    (D) 十九世紀時的大英帝國

34. 學者指出：在西周封建制度下，同姓集團授予封土，賜之以氏。當時，姓、氏是統治階級的特權，「貴者有氏，賤者有名無氏」。到戰國時代以後，姓氏的分野逐漸泯除，平民逐漸獲得姓氏。平民得姓一事與下列哪個趨勢的關係最直接？
    (A) 賦役制度的變化
    (B) 以孝道治天下
    (C) 郡縣制度的發展
    (D) 皇帝制度的形成

35. 「和與戰怎能由人類來決定？這事只能取決於神的意志。神同人
一般，具有需要愛情與睡眠的弱點。而除了飢餓與死亡外，凡是
人類做的事，祂們都做，也都干涉。」下列哪一類人最可能持有
這種觀念？
(A) 古代的希臘人　　　　(B) 摩西時的猶太人
(C) 東征的十字軍　　　　(D) 中古歐洲的騎士

36. 英國一家雜誌評論說：「多年以來，我們都被一個精心的陰謀所
操縱，目的是建立一涵蓋全歐的社會主義共和國。將有一個傀儡
議會、一支聯盟軍隊、一種貨幣。聯盟總統取代我們的立憲君
主。降下大英米字旗，升上那片有黃星的藍色抹布。大家高唱
〈快樂頌〉曲調，歌詞的意思其實是：『永別了，不列顛！』」
這段文字應如何理解最為恰當？
(A) 英國的資本主義對抗蘇聯的共產主義
(B) 大英的自由民主對抗納粹的擴張主義
(C) 英國文化優越感擔心美國的霸權優勢
(D) 大英的孤立心態抗拒歐洲的統合主義

二、多選題（8％）

說明：第 37 至 40 題，每題各有 5 個選項，其中至少有一個是正確
　　　的。選出正確選項，劃記在答案卡之「選擇題答案區」。每
　　　題 2 分，各選項獨立計分，每答對一個選項，可得 0.4 分，
　　　每答錯一個選項，倒扣 0.4 分，完全答對得 2 分，整題未作
　　　答者，不給分亦不扣分。在備答選項以外之區域劃記，一律
　　　倒扣 0.4 分。倒扣至本大題之實得分數為零為止。

37. 1960 年代，台灣學生留美風氣極盛，校園流行著一句順口溜：「來
來來，來台大！去去去，去美國！」當時，一位台灣留學生在美
國有可能經驗到下列哪些事情？

(A) 沉迷於搖滾樂、大麻煙和迷幻藥

(B) 參與校園的人權示威與反戰遊行

(C) 經常與中國留學生激辯統獨問題

(D) 批評美國政府出兵伊拉克的不是

(E) 群往威廉波特為台灣少棒隊加油

38. 某位台灣原住民回憶說：「日本警察協助我們蓋新房子、修築灌溉水圳，還聘請平地漢人教導我們水稻種植技術，希望我們在新住地定居下來。」這段回憶反映了日本殖民政府哪些重要的原住民政策？

(A) 讓原住民住者有其屋　　　(B) 改變傳統的狩獵生活

(C) 將原住民族集體遷徙　　　(D) 利用警察統治原住民

(E) 促進原、漢間的交流

39. 王夫之是明末清初的思想家，注重華夷之辨，撰寫了很多著作。不過，他的著作曾經長期遭到學者的忽視。直到清末，他的思想始見盛行。王夫之的聲名在晚清得以彰顯，可以用下列哪些因素來解釋？

(A) 思想家嘔心瀝血之作，不可能遭到後世遺忘

(B) 社會環境起了變化，致使思想家重新被發現

(C) 晚清政府力倡華夷之辨，以之對抗西方壓力

(D) 晚清革命黨訴諸華夷之辨，以推動反滿革命

(E) 王夫之的學說，與晚清傳入的民族主義暗合

40. 以下是兩段討論近代史學的資料：

　　資料一：1896年，〈《劍橋近代史》編輯報告〉指出：「我們是無法在這一代寫成『定論的歷史』了；不過，由於

所有資料皆已在握，每個問題均能夠解決，我們可以放棄掉『傳統式歷史』，並指出在通往定論歷史的進程中，我們已到達哪一個階段了。」

資料二：　1957年，《新劍橋近代史》在〈序〉中指出：「較後一個世代的歷史家並不期待這種遠景。他們預見自己的著作將一再被取代。他們認為，歷史知識是經過許多學者『加工』，始流傳下來，絕不可能僅包含客觀的基本元素，一點都不能更動。」

我們應該如何理解這兩段資料？

(A) 資料一與資料二都否定史家寫出客觀的歷史的可能性

(B) 資料二所說「這種遠景」，是指達成「定論的歷史」

(C) 資料一的立論，表達出一種自信的「實證主義」精神

(D) 資料二主張歷史的相對主義，反對追求歷史的客觀性

(E) 資料一肯定歷史研究的價值，資料二則對其失去信心

第貳部分：非選擇題（佔 20 分）

說明：　本大題共有 3 題，答案務必寫在「答案卷」上，並於題號欄標明題號（1、2、3）與子題號（A、B、C...）。請依子題號作答，未標明題號或答錯題號者均不計分。每題配分標於題末。

1. 兩位著名的歷史家分析某個時期歐洲社會與經濟的變動：

資料一：　法國學者布勞岱（F. Braudel）指出：「很久以前，便有很多徵兆顯示，一種新的經濟制度正在降臨：交易與市場的興起、勞動市場的出現、貨幣使用的普及、生產量的增長、長程貿易的發展與國際市場的擴充。」

資料二：　英國史家梅藍德（F. Maitland）描述：「最初，領主在

某一年偶然不需要某一項勞役，就徵收一便士或半便士，以代替一次或一天的勞役。之後，領主逐漸習慣每年徵收定額的現金，以取代一定項目的勞役，但仍保留隨時得恢復勞役的權利。最後，雙方達成協定，允諾農民支付定額的現金，以取代一切勞役。」

請根據以上資料，回答下列問題：

(A) 兩段資料呈現的社會經濟現象，是發生在歐洲史上哪一個時期？（2分）

(B) 資料一列舉的事實，是哪一種經濟制度降臨的徵兆？（2分）

(C) 資料二描述的是一個社會變動的過程。根據這段資料所述，這一個變動的主要關鍵為何？（2分）此一關鍵變化與資料一提到的哪一項經濟事實最直接相關？（2分）

2. 以下是三則1949年以後不同時期台灣文學作品的選段：

選段甲：「白梅說『我們現在所處的這個環境不是很黑暗嗎？像風雨的黑夜，我們這樣的女人就像這雨夜中一朵脆弱的花，受風雨的摧殘，我們都離了枝，落了土了是不是？』鶯鶯點著頭流著淚，開始死心於這種悲慘的宿命了。」（《看海的日子》）

選段乙：「……整個共產黨的將來，也一定要像一陣旋風。他們雖然蓬勃一時，然而終必轉瞬即逝，消滅得無蹤無影，變成歷史的陳跡。……旋風，旋風，他們不過是一陣旋風！」（《旋風》）

選段丙：「許多年來，我們把握不住現在，我們飄浮、流浪、追逐、丟棄，被存在否定，被虛無的風向撥動，被痛苦撕碎、埋葬……。」（《從異鄉人到失落的一代》）

假定這三則選段可以代表台灣三個不同階段文學的特色，試據此回答下列問題：

(A) 依內容判斷，這三則文學選段出現的時間順序為何？（2分）

(B) 選段乙可以歸類為何種文學？（2分）

(C) 選段甲的內涵，反映出一種什麼樣的社會意識的脈動？
（2分）

3. 以下是兩段清初討論「火耗」問題的資料：

資料一：　康熙年間，一位知縣依照衙門舊習，在原稅收定額之
外，另行「加耗」一成，用於維修縣衙等公共設施。
朝廷認為知縣瀆職，就將他起訴。但知縣自認清白，
替自己辯護說：「若要犯官自行捐款維修，實乏財力；
若任其倒壞，又有乖職守。故此，犯官加耗原是以公
完公的意思，通縣紳衿百姓皆知，犯官沒有分毫入
己。」後來，康熙帝也說：「如州縣官只取一分火
耗，此外不取，便稱好官。」

資料二：　雍正元年，一位省級官員奏准實施「火耗歸公」：「知
縣徵收錢糧，可加徵百分之十的附加稅，並將加徵所
得，大部分留在地方政府，作為行政經費。」各級地方
官員則依職務高低，從中收取份額。雍正晚年回顧這
一項政策，評論說：「自行此法以來，吏治稍得澄清，
鄉里咸免擾累，此法之效益，乃內外之所共知見者。」

閱讀這兩段資料，回答下列問題：

(A) 「火耗」問題的出現，與明代中葉以後收稅方式上的一項改
變有關。這項改變是什麼？（2分）

(B) 根據上列資料的提示，朝廷後來採行「火耗歸公」政策，讓
「加耗」現象合法化，旨在解決地方政治上的哪些問題？
（2分）

(C) 「火耗歸公」政策何以能使「吏治稍得澄清，鄉里咸免擾累」？
（2分）

九十五年度指定科目考試歷史科試題詳解

第壹部分：選擇題

一、單選題

1. **A**

　　【解析】(A) 歷史事件發生的時間、地點等比較不會因史家的主觀因素而變化，是比較客觀事實的存在；但歷史事件的前因後果、意義、是非評價，則牽涉史家的判斷與分析，易受到史家主觀因素的影響。

2. **B**

　　【解析】(B) 「五四運動」指 1919 年一次大戰結束後，戰勝國召開的巴黎和會出賣中國國權，允許日本繼承德國在山東的權利，引發北京各大學示威抗議，集會於北京天安門廣場，要求「外爭主權，內除國賊」等，有人提出「德先生（民主，Democracy）與賽先生（科學，Science）」的口號；「六四天安門事件」指 1989 年北京各校學生群聚天安門廣場，以悼念前總理胡耀邦為名，要求中共政治改革，實施民主，鄧小平下令六月四日軍隊展開鎮壓屠殺。此兩事件目標相同，主要皆以自由民主改革為訴求。

3. **B**

　　【解析】(B) 十八世紀工業革命以來，因經濟條件提升，醫藥衛生的改良等，世界人口迅速增加，目前全世界人口約為 65 億，其中多半在亞洲，中國和印度的人口都超過 10 億，因此「令人昏眩的數量」、

「數字驚人」等詞都是用來形容亞洲的人口壓力；
(A) 亞洲面積四千多萬平方公里，約佔世界陸地總
面積的 29.4％；(C) 亞洲軍隊或 (D) 亞洲物產等，
均不足以對歐洲形成所謂的優勢。

4. **A**

【解析】 (A) 荷蘭治台時期，引進牛隻和漢人來臺，改良耕種
方法，使臺灣糖從荷據時期起便聲名遠播，與稻
米一直是臺灣重要的物產，臺灣米以輸入中國大
陸為主，較無國際競爭力；蔗糖一直是臺灣外銷
的最重要產品；樟腦與茶葉是在清領後期才成為
臺灣重要的外銷商品。

5. **C**

【解析】 (C) 從「饒富民族風味的音樂」、「作曲家刻意擷取民
歌素材」等敘述可推測應為「國民樂派」；十九世
紀初的歐洲，法國大革命結束不久，浪漫主義盛
行。十九世紀後半，民族主義高漲，東歐許多作
曲家紛紛以自己國家或故國山川為題進行創作，
藉此發抒對國家自由的企望，建立國民對傳統的
自信與驕傲，推翻長久以來的帝國專制，這就是
所謂的「國民樂派」。

6. **C**

【解析】 以題幹「利瑪竇」「唐伯虎」作為判斷，利瑪竇是明
末清初前來中國的耶穌會傳教士；唐伯虎是明代中葉
有名的才子，有「江南四大才子」之稱，(A) 和 (B) 的
時代與利瑪竇、唐伯虎的年代不符；(D) 與唐伯虎無
關，故這篇論文的主題最可能應選 (C)。

7. **D**

【解析】 (D) 題幹「年輕男人幾乎都按慣例剃度兩年」，這是泰國佛教的特色，泰國男子成年後均須剃度出家一次，泰國人相信剃度可為父母做功德，有助父母在輪迴轉世後的來生；中國、日本等信奉的是「大乘佛教」，東南亞—泰國等信奉的佛教是「小乘佛教」。

8. **D**

【解析】 (A) 「發展農業」是傳統中國的政策，現代社會走向工商業、服務業；

　　　　 (B) 「統治者強調平等」是現代中國的主張，傳統中國則普遍存有統治者與被統治者的階級差異；

　　　　 (C) 「以天朝對待藩屬」為傳統中國的景象，清末天朝觀念已崩潰；

　　　　 (D) 「統治方式中特別強調文化的力量」是傳統與現代中國皆可看到的情形。

9. **D**

【解析】 (D) 《荷馬史詩》為古希臘的作品，含《伊里亞得》、《奧狄賽》敘述希臘聯軍圍攻小亞細亞特洛伊的故事；圖中甲為克里特島，乙為希臘城邦，丙為馬其頓，丁為小亞細亞。

10. **A**

【解析】 (A) 日本治臺—皇民化時期為加強臺灣人對日本宗教文化的認同，推行日本神道教，降低臺灣人排斥感，所以舉行「眾神升天」活動；

　　　　 (B) 阿拉伯人對於被統治者—含北非實施寬容政策；

　　　　 (C) 英國未強迫印度人改信英國國教；

(D) 當西班牙來到南美洲時，該區的傳統信仰已沒落；且西班牙侵略馬雅人時，採取掠奪與強迫的方式，不可能出現溫和轉移方式。

11. **B**

【解析】　由「此時期文人學識淵博，卻只能在巨室富家中擔任教師，或在王公貴族處擔任幕僚」，知道王公貴族勢力仍強，封建制度尚未瓦解（封建制度在十二世紀沒落），文人仍不能靠書寫維生，僅能擔任幕僚，因此可推知此時大眾文化尚未普及（十八世紀後大眾文化普及），故答案為 (B)。

12. **A**

【解析】　(A) 十九世紀以來，報紙大量印刷；1920 年代收音機普及，廣播傳布到國內最遙遠的鄉村。根深蒂固的地方文化開始被全國性文化取代，各國生活方式也愈來愈受到國際消費文化的影響；

(B) 鐵路和飛機；

(C) 電視和電影二十世紀後期才影響全球；

(D) 網路與漫畫流行二十世紀末。

13. **C**

【解析】　(A) 日治初期台灣人口以閩南人最多，甲應為閩人；其次為客家人（粵人），所以乙應為粵人，纏足比例最低。丙人數最少，但纏足比例高，推論其為漢化原住民；

(B) 日本在台灣推動放足斷髮，故日本人不會接受纏足的陋習；

(C) 粵人多居丘陵地，勞力活動較密集，纏足比例最低推論較合理。

14. **B**

【解析】 (B) 皇帝「強調歷時久長的世家才是培養人才的沃土」，支持由世家大族中選拔人才，應是實行曹魏文帝創設的「九品官人法」的時期，形成魏晉南北朝時「上品無寒門，下品無世族」的現象。

15. **A**

【解析】 (A) 從題幹我們可以知道這是美國參與的戰爭—越戰，1962 年美國出兵越南，引發國內反戰聲浪高漲，終於 1973 年與北越簽訂停戰協定，倉皇撤離越南戰場；

　　　　 (B) (D) 美軍未倉皇撤離；

　　　　 (C) 波灣戰爭美國戰勝。

16. **C**

【解析】 (A) 1860 年英法聯軍屬於新帝國主義侵略近代中國初期，中國人尚未有強烈的排外心理，故英國人可以雇到中國勞工工作；

　　　　 (B) 1884 年中法戰爭時中國勞工的生活仍很辛苦，並未改善；

　　　　 (D) 中法戰爭未波及香港。

17. **A**

【解析】 (A) 十九世紀前，建築大多用木、石為原料，高度一直無法突破。十九世紀末期，煉鋼工業迅速發展，鋼高強度與耐腐蝕等的特點，克服高樓建築的困難，1884 年美國芝加哥出現世界上第一棟「摩天大樓」，此後高聳林立的大樓構成二十世紀都會的重要景觀。

18. **D**

【解析】 (D) 清雍正時使田賦與丁稅合一，按畝徵銀，稱爲「攤丁入畝」，人民所要負擔的賦稅只有田賦一項，不必再繳人頭稅，所以百姓不必再爲了避稅或避徭役而隱匿人口，從此中國人口稅結束。

19. **B**

【解析】 (B) 題幹「以部隊爲單位，配給土地，進行開墾」，指的是鄭成功在臺灣實行的軍屯政策，鄭成功在臺灣實行的屯田制，可分爲官屯、民屯與軍屯，營盤田就是駐防各地的營兵所開墾的土地。

20. **D**

【解析】 (D) 題幹「我每天接受強迫勞動、學習、寫交代、寫檢查、寫思想匯報」、「從外地來串連的人，可以隨意點名叫我去示衆，還要自報罪行」及群衆批鬥等特徵，皆是文化大革命時期發生的事情。

21. **B**

【解析】 (B) 十五世紀末地理大發現後，歐洲對外海路大通，許多歐洲國家紛紛設立「東印度公司」，主要目的是爲了海外貿易；題幹提及東印度公司「繪圖人員受雇後，答應要保守秘密，不讓航海圖上的資訊外流」，其主要的考量即是商業競爭。

22. **C**

【解析】 (C) 此爲史家黃仁宇的論述，掌握上層管理階層的指蔣介石握有黨政大權；另一位建立以農村爲基礎的下層結構指毛澤東，毛澤東認爲近代中國經濟失敗是因土地分配不均，推動土地改革，爭取廣大農民的支持。

23. **C**

【解析】 (C) 西元前 1500 年有一支印歐民族雅利安人（Aryan）
進入印度河流域，締造印度古文明，可為這些印度
語言，跟希臘語、拉丁語與近代歐洲語言之間，存
在有密切關係，找到推論或證據；

(A) 亞歷山大東征雖將希臘文化引進印度，但希臘語不
可能在此時傳入，因當時印度已使用梵語；

(B) 與題幹不符，因有依據；

(D) 十八世紀殖民國家多採用武裝侵略等手段，英國殖
民官員無需拉攏印度民心，刻意製造神話。

24. **C**

【解析】 (C) 圖中分界線為「支那國領分地」，強調清朝主權不
及於臺灣東部，連牡丹社事件發生地點（屏東恆
春）亦不受清政府管轄，意圖合理化其侵臺行動；

(A) 明治維新西化成功，日人地理知識不會不足；

(B) 日人對臺灣無主權，擅劃漢、番疆界，刻意挑動
兩者矛盾不可能；

(D) 披露軍事計畫，爭取日人支持政府不合理。

25. **D**

【解析】 (A) 漢武帝遣張騫等出使西域雖未成功，但卻促進東
西文化交流；

(B) 漢武帝最後未擊潰匈奴，漢文化延續與之無關；

(C) 漢朝雖曾一度占領西域，但並未能主導中亞貿易；

(D) 漢武帝遣張騫等出使西域，使中國得以認識西域
情勢，開展文化交流，謂之「鑿空」。

26. **C**

【解析】 (A) 題幹提及「證明書須由諸子共同連署」，可見家長
權力並非獨大；

(B) 題幹提及「由一家之主的家長給予證明書」，可見
嫡長子（家長）地位並未下降；

(C) 題幹提及「由一家之主的家長給予證明書，但證
明書須由諸子共同連署，然後送交本地官府，依
據法定程序來辦理」，此反映將家庭視為一整體的
概念；

(D) 解放奴婢需由家長給予證明書，這份資料已明確
規定家長的權限。

27. **C**

【解析】 可從「共和」、「議會政治」、「專制、自主的軍官
團，大的企業組合」、「有效率的體制」等解題；

(C) 德國威瑪共和國在一次戰後戰敗組成的政府，共
和基礎薄弱，政治經濟不穩定，1920 年代，納粹
運動在德國興起，納粹黨成為議會的最大黨，其
追求效率特質深得大家的支持；

(A) 路易拿破崙是因法人對拿破崙的崇拜而崛起，並
沒有一個軍官團組織；

(B) 袁世凱稱帝仰賴北洋軍，未有大企業組合，稱不
上有效率的體制；

(D) 日本少壯派雖為軍官團，並未主宰議會。

28. **B**

【解析】 (B) 臺灣島內南北向的長途陸運困難，因臺灣西部河
川多東西流向，造成早期南北陸路交通不便，到

日本統治台灣（1908 年）臺灣鐵路縱貫線通車後，南北陸路交通始通行無礙。

29. **C**

【解析】 (C) 題幹「學問要自有心得，必須和自己經驗得到印證，如果心中不以為然，即使是孔子之言，也不能承認是對的。」此乃陽明學派中「心即理」的理論，是對宋明理學程朱學派的反動。

30. **D**

【解析】 (D) 此表為中古歐洲莊園的「三田制」，耕地一般分三部分：一是春耕地，一是秋耕地，另一是休耕地，使地力可以獲得充分的休息與利用；麥類是西歐主食—麵包的主要原料。

31. **B**

【解析】 (B) 唐代強制性徵調工匠（番匠）輪番到官府服役，宋代隨著庶民文化的蓬勃發展，與商業貿易的興盛，政府按工計酬雇傭工匠生產，對生產力的提升有明顯的刺激作用。

32. **B**

【解析】 (B) 題幹「將鵝毛管削尖，沾取小筒貯存的墨汁，自左而右橫向書寫，登記政府的文告以及稅收數量」知是《新港文書》—荷蘭治臺時，傳教士以羅馬拼音教導臺南一帶原住民書寫使用的西拉雅語，後來原住民與漢人訂土地契約常以漢文和羅馬拼音並用，這種文書稱「新港文書」；

(A) 《巴達維亞日記》是十七世紀荷蘭東印度公司巴
達維亞（雅加達）總督和地方官的書信往來或記
錄；

(C) 《淡新檔案》是清乾隆至光緒年間淡水廳、臺北
府及新竹縣的行政司法檔案；

(D) 《岸裡社文書》是清乾隆年間至日本大正年間，
岸裡社與官方以及番民間往來的文書，地契數量
最多。

33. **C**

【解析】(C) 興起於八世紀的阿拔斯王朝（亦被稱為黑衣大食，
首都巴格達），帝國疆域橫跨歐、亞、非三洲，商
業活動極為發達，成為中古國際貿易的主角；

(A) 羅馬帝國以地中海為中心，與中國往來，中國絲
綢西傳，但不會與亞洲交易香料；

(B) 拜占庭（東羅馬）帝國十四世紀外患不斷，已無
法從事大規模海外貿易；

(D) 十九世紀的大英帝國，與其殖民地貿易為主，交
易商品，非奴隸、羊毛、香料。

34. **A**

【解析】(A) 西周姓、氏是統治階級的特權，「貴者有氏，賤者
有名無氏」，主因是封建體制下，諸侯向天子稱臣
納貢；戰國後，姓氏的分野逐漸泯除，平民獲得
姓氏，是因為封建制度崩解，農民成為國家租稅
的對象，國家展開「編戶齊民」，同時因為社會的
流動，布衣可以為卿相，平民的地位上升，造成
平民得姓。

35. **A**

　　【解析】　(A) 古希臘人認為神明是一群至高無上，且有情有欲
　　　　　　　　　的超人，題幹「神同人一般，具有需要愛情與睡
　　　　　　　　　眠的弱點。而除了飢餓與死亡外，凡是人類做的
　　　　　　　　　事，祂們都做，也都干涉。」這正是古希臘人的
　　　　　　　　　宗教觀；其他選項均屬一神的信仰，不可能出現
　　　　　　　　　「祂們」。

36. **D**

　　【解析】　(D) 1978 年歐洲共同體建立歐洲貨幣體系，英國沒有
　　　　　　　　　加入，題幹提到該組織想建立一個涵蓋全歐的社
　　　　　　　　　會主義共和國，並試圖擁有自己的議會、軍隊和
　　　　　　　　　貨幣，威脅到英國的獨立性，此題指英國抗拒歐
　　　　　　　　　洲統合主義；黃星藍色抹布是歐洲聯盟（European
　　　　　　　　　Union）旗幟；

　　　　　　　(A) 蘇聯代表旗幟是紅色鐮刀旗；

　　　　　　　(B) 納粹代表旗幟是卐字旗；

　　　　　　　(C) 美國代表旗幟是星條旗。

二、多選題

37. **ABE**

　　【解析】　(A) 搖滾樂、大麻煙和迷幻藥興起於 1960 年代；

　　　　　　　(B) 美國校園在 1960 年代出現黑人和少數人種的人權
　　　　　　　　　運動，後 1962 年美國參與越戰，曠日廢時，國內
　　　　　　　　　反戰聲浪高漲，留美學生可能參與這些活動；

  (C) 1960 年代大陸正值文化大革命，到美國的中國留
   學生不多，台灣留美學生不太有機會能經常與中
   國留學生激辯統獨問題；

  (D) 美國兩次出兵伊拉克是在 1990 年以及 2003 年，
   1960 年代不可能批評此項政策；

  (E) 1960 年代臺灣少棒蓬勃發展，時常參加威廉波特
   的世界少棒賽，當時臺灣留學生有可能群往觀賽。

38. BCD

  【解析】 日治時期，利用警察統治原住民，尤其 1930 年霧社事
    件發生後，將原住民族集體遷徙—川中島，改變傳統
    的狩獵生活。

39. BDE

  【解析】 王夫之的《讀通鑑論》、《宋論》等書，不採傳統儒家
    文化為標準的民族觀，反特重種族的界線，強烈主張
    華夷之辨，清初受到文字獄影響，使其作品不容於滿
    人；但清末是民族主義勃興時代，新知識分子傳入的
    民族主義與王夫之思想暗合，加上晚清革命黨訴諸華
    夷之辨，以推動反滿革命，王夫之思想得以彰顯；
    (A) 王夫之的著作曾被忽視；
    (C) 晚清政府畏於西方勢力，並未力倡華夷之別。

40. BC

  【解析】 (A) 資料一並沒有否定客觀歷史的可能性；
    (B) 資料二所指的遠景就是資料一提到的「定論的歷
     史」；

(C) 資料一他們宣稱「所有資料皆已在握，每個問題
均能夠解決」，很明顯地表達出一種自信的「實證
主義」精神；

(D) 資料二並沒有主張歷史的相對主義，僅是不期待
「定論」這個遠景出現，但仍肯定此一遠景，所
以它並不是反對歷史的客觀性；

(E) 資料二未對歷史研究失去信心。

第貳部分：非選擇題

1. 【解答】 (A) 中古後期

(B) 資本主義

(C) 封建制度（莊園經濟）瓦解；貨幣使用普及。

2. 【解答】 (A) 乙丙甲

(B) 反共文學

(C) 鄉土文學運動。

> 註： 選段甲是黃春明的《看海的日子》，為民國六十年代
> 「鄉土文學論戰」時期的作品；選段乙是姜貴的
> 《旋風》，為遷臺後四十年代的反共文學作品；選段
> 丙是王尚義的《從異鄉人到失落的一代》，為五十年
> 代受到西方思潮影響的作品。

3. 【解答】 (A) 一條鞭法（按畝徵銀）

(B) 地方經費不足或官員薪俸過低

(C) 避免巧立名目，增稅擾民。

九十五學年度指定科目考試（歷史）

大考中心公佈答案

題　號	答　　案	題　號	答　　案
1	A	21	B
2	B	22	C
3	B	23	C
4	A	24	C
5	C	25	D
6	C	26	C
7	D	27	C
8	D	28	B
9	D	29	C
10	A	30	D
11	B	31	B
12	A	32	B
13	C	33	C
14	B	34	A
15	A	35	A
16	C	36	D
17	A	37	ABE
18	D	38	BCD
19	B	39	BDE
20	D	40	BC

九十五學年度指定科目考試
各科成績標準一覽表

科　目	頂　標	前　標	均　標	後　標	底　標
國　文	67	61	52	43	35
英　文	67	51	28	13	7
數學甲	62	50	35	20	12
數學乙	88	78	56	32	19
化　學	71	59	41	25	16
物　理	54	39	22	12	6
生　物	71	60	44	30	22
歷　史	56	49	40	29	20
地　理	60	52	40	29	20

※ 以上五項標準係依各該科全體到考考生成績計算，且均取整數（小數只捨不入），各標準計算方式如下：

頂標：成績位於第 88 百分位數之考生成績。

前標：成績位於第 75 百分位數之考生成績。

均標：成績位於第 50 百分位數之考生成績。

後標：成績位於第 25 百分位數之考生成績。

底標：成績位於第 12 百分位數之考生成績。

九十四年大學入學指定科目考試試題
歷史考科

第壹部分：選擇題（佔 80 分）

一、單選題（72％）

說明：第 1 至 36 題，每題選出一個最適當的選項，標示在答案卡之
「選擇題答案區」。每題答對得 2 分，答錯或劃記多於一個
選項者倒扣 2/3 分，倒扣到本大題之實得分數為零為止，未
作答者，不給分亦不扣分。

1. 1950 年代起，許多產品都強調商標，以球鞋為例，各廠牌都設計
   明顯的標記。這種現象與下列何者的關係最為密切？
   (A) 學校教育　　(B) 報紙　　(C) 英語　　(D) 電視

2. 學者指出：某種現象的出現，反映出社會分工的發展，貧富差距
   逐漸顯著，統治機構也逐漸確立，最足以作為判斷歷史進入文明
   階段的指標。這種現象是指：
   (A) 文字的運用　　　　　(B) 宗教的普及
   (C) 城市的誕生　　　　　(D) 陶器的發明

3. 有一個國際組織，會員國總人口佔世界人口 8％，組織內人民以
   天主教、伊斯蘭教及佛教為主要宗教，經濟活動多元，主要產品
   包括木柴、石油及電子產品。這是指那一個組織？
   (A) 歐洲聯盟　　　　　　(B) 北美自由貿易區
   (C) 石油輸出國家組織　　(D) 東南亞國協

4. 一個王朝的末期，為了抵抗外患，政府必須增加稅收，卻因而引發國內農民的叛亂；為了應付農民叛亂，必須再增加軍費，又使農民叛亂擴大。在內外交迫下，首都被農民攻陷。這應是那個時期？

　　(A) 秦末　　　　(B) 漢末　　　(C) 唐末　　　(D) 明末

5. 學者指出：中國歷史上，當國家陷入分裂，或朝廷要鼓吹集權中央、提振皇權時，某部典籍的主張往往成為重要依據。這部典籍最可能是下列何者？

　　(A) 春秋公羊傳，該書認為人世只有一個王者可以合法統治天下

　　(B) 尚書，該書記載周公東征統一天下的過程，可強化君主權威

　　(C) 禮記，該書提倡社會應有等級，所有人都必須奉法遵禮而行

　　(D) 易經，該書強調天命起伏，應該隨勢而為，才不會違逆天意

6. 這個時代的法律並未規定「士庶之別」，但退職的官員回到家鄉之後，多受到民眾尊敬，有移風易俗的功能。這最可能是指那一個時代？

　　(A) 秦　　　　　(B) 漢　　　　(C) 唐　　　　(D) 明

7. 這個條約的簽訂改變了長期以來中國與外國人之間經商的習慣和組織，開始了新的貿易制度。一夜之間，過去原本舉足輕重的行商遭到削弱。這個條約最可能是指：

　　(A) 南京條約　　　　　　　(B) 天津條約

　　(C) 馬關條約　　　　　　　(D) 辛丑和約

8. 一份文獻記錄乾隆年間一群西方人在北京的經歷，提到朝廷禮儀繁重，但使人感受到宗教式的肅靜。沒有人在典禮進行時竊竊私

語，「這種肅靜莊嚴是東方的特色，歐洲文明還沒有達到這點。」
這份文獻最可能是由以下何人記錄的？

(A) 在朝廷任職的耶穌會士　　(B) 英國派遣來華的使節

(C) 葡萄牙東印度公司職員　　(D) 俄國駐在北京的商人

9. 曹操為了軍事需要，實施屯田制；孫吳則大舉派軍進入山區，征
討山越；諸葛亮更是數度深入西南山區，以致有七擒孟獲的傳說。
這三件事的共同背景為何？

(A) 漢末大亂人口流徙，戶籍掌握不易，各政權都欠缺勞動力

(B) 五胡民族不斷騷擾邊境，成為三國各政權共同的政治困擾

(C) 三國各政權秉持著秦漢以來的帝國思想，都表現出擴張性

(D) 三國各政權都以華夏文化為主軸，有四海一家的共同理想

10. 網站上有人拍賣一塊以滿、漢兩種文字書寫著「崇禎三年奉敕立
石」的石碑。對於這塊石碑，以下說明何者最為適當？

(A) 明末鄭成功部隊開設軍屯時樹立的界碑

(B) 清朝初年在台灣建立軍事據點時的遺跡

(C) 這是台灣民主國成立後劃定界址的界碑

(D) 這是古董商為賺取暴利所製成的假古物

11. 學者指出：許多「新資料」僅能補充現有的歷史研究，但偶爾會
有大批資料出現，足以讓我們對某一時期有新的認識。以下那些
新資料最可能讓我們對某個時期的歷史有「新的認識」？

(A) 河南出土的青銅器，足以改變我們對戰國後期歷史的認識

(B) 湖北出土的簡牘，足以改變我們對秦漢時期楚文化的認識

(C) 美國最近解密並公布的檔案，足以改變我們對越戰的看法

(D) 蔣介石日記的公布，足以改變我們對「抗日戰史」的看法

12. 下列是三段有關台灣法律的資料，請根據日本殖民統治階段的演變，排列其先後順序：

甲：日本本土法律適用於台灣。

乙：台灣總督為台灣最高行政長官，有緊急命令權，可不經國會頒布具法律效力之命令。

丙：總督擁有律令制定權和緊急命令權，但其頒布之命令或律令不得抵觸日本本國法律或天皇敕令。

(A) 甲、乙、丙　　　　　　　(B) 甲、丙、乙

(C) 乙、丙、甲　　　　　　　(D) 丙、乙、甲

13. 某朝制度上規定地方政府必須向中央申報所轄區域的戶口。該朝中葉時，有部書卻記載：當時地方政府按規定申報者不到一半。這部書描述的情況應是那個時期？

(A) 漢武帝征匈奴之後　　　　(B) 唐代安史亂後

(C) 宋初改革財政之前　　　　(D) 清雍正改革前

14. 以下資料是從先秦到清代三個不同時期的士人對君主制度的看法：

甲：「百姓最足珍貴，江山社稷為次，君主要擺在最後。」

乙：「君主為天下之大害，以前無君主時，人民反可自得其利。」

丙：「要委屈百姓以伸張君權，要壓抑君主以伸張天道。」

這三項資料出現的先後順序為何？

(A) 甲、丙、乙　　　　　　　(B) 乙、丙、甲

(C) 丙、甲、乙　　　　　　　(D) 丙、乙、甲

15. 六朝時期有人指出：平常人家，婦女再嫁，後夫多寵愛前夫遺孤，但是男子再娶，後妻一定虐待前妻之子，此現象實是「事勢使然」。所謂「事勢」，最可能反映當時何種社會實況？
    (A) 同父異母子女間的關係較差
    (B) 女子改嫁比男子再娶易受社會認同
    (C) 繼父比繼母疼愛單親的子女
    (D) 家族繼承權以族內同姓男子為主幹

16. 國民政府統治大陸時期，規定中國、中央、交通及農民銀行發行國幣。下圖是古董商出售的古錢，由中國人民銀行於中華民國三十八年發行，我們應如何理解這張錢幣？
    (A) 國民政府為淪陷區所發行之貨幣
    (B) 日本為擾亂中國金融發行此貨幣
    (C) 中共在其統治區內所發行的貨幣
    (D) 汪政權在其統治區內發行的貨幣

17. 十六世紀中後期，台灣西南部地區出現了一個日本聚落。這個聚落出現的最可能原因是：
    (A) 日本長期和平，以致人口過剩，必須向外移民
    (B) 日本缺乏蔗糖，以此地為據點，從事甘蔗種植
    (C) 日本入華的僧人，在此地學習，引入中國文化
    (D) 日本倭寇當時以此為據點，騷擾中國東南沿海

18. 某地曾是宋朝與外族對峙的邊界，元代時因海運發達，開始建立天妃宮，到清代改稱天后宮，香火鼎盛。城中還有幾座天主堂，屢次毀於民教衝突，義和團事件中，受創尤深。這是指何地？
    (A) 鹿港　　　(B) 泉州　　　(C) 寧波　　　(D) 天津

19. 某國在 1801 年時人口不到九百萬人，到了 1851 年時，增加一倍。除了數目增加外，結構也有重大改變。1801 年時只有五分之一的人口居住在城鎮之中；到了 1851 年，城居人口佔了一半；再到 1911 年時，變成了五分之四。下列那一個國家符合這樣的敘述？

(A) 英國　　　　(B) 韓國　　　　(C) 土耳其　　　　(D) 義大利

20. 日本外務省發表一份聲明指出：維持東亞和平與秩序，乃日本之使命。最近有國家出售軍用飛機給中國，並教授飛行技術，也派遣軍事教育顧問，都是擾亂東亞和平，日本特表反對。中國如果利用他國排斥日本，日本只有加以反擊。日本發表這份聲明的最可能時間是：

(A) 1895年日本打敗中國，強迫佔領台灣之後

(B) 1905年日本戰勝俄國，乘機控制東北之後

(C) 1933年日本擴張軍備，退出國際聯盟之後

(D) 1980年代日、美兩國為保障共同利益之際

21. 歷代政府為擴大稅收，確保財政收入，會管制部分物資，實施專賣。下列那項物資最早要到唐宋時期才成為政府管制的項目？

(A) 鐵　　　　(B) 鹽　　　　(C) 茶　　　　(D) 絹

22. 一幅圖畫上描繪著人類求知過程的「知識山」，一路逐級而上，分別是語法、數學、邏輯、音樂、天文、幾何、修辭，在頂峰則是神學。這種概念最可能出現在：

(A) 西元前2世紀的耶路撒冷　　　(B) 西元3世紀的亞歷山卓

(C) 西元13世紀的巴黎　　　　　(D) 西元17世紀的阿姆斯特丹

23. 老師介紹俗稱「番仔火」的火柴，其成分爲黃磷等化學原料，一摩擦即可引火。幾位同學對其名稱的來源熱烈討論，下列何種說法最爲可信？

(A) 名爲番仔火，應與蕃薯、蕃麥一樣，源於17世紀的荷蘭及西班牙商人

(B) 17 世紀尚無火柴，這名稱應當是18世紀初期的傳教士引進中國及台灣

(C) 18 世紀的化學技術還不能製造火柴原料，這應是 19 世紀西洋商人傳入

(D) 應當是日本殖民者在台灣設廠製造，但使用進口原料，才稱爲番仔火

24. 下表是美國在 2004 年針對幾個國家的一項調查所做的統計，這個表的標題最可能是：

國家	泰國	南韓	越南	新加坡	斯里蘭卡	日本	不丹
％	94	23.3	50	42.5	70	71	74

(A) 女性佔全部就業人口比例　　(B) 全國人口的自然年增加率

(C) 主要民族佔全國人口比例　　(D) 佛教徒與全國人口之比例

25. 一篇文章說：「那一年，土耳其人已經攻下了開羅，控制了地中海沿岸許多地方。葡萄牙人剛剛在澳門建立商業據點，也開始把火器賣到日本。這時候，歐洲人還紛擾不安，爲了儀式的問題爭吵不休。英格蘭的國王結第六次婚，他的前幾個妻子，下場都不太好。」這篇文章最適當的標題應是：

(A) 〈十字軍東征見聞錄〉　　(B) 〈世人所知的 16 世紀〉

(C) 〈康熙十五年〉　　(D) 〈明治維新紀要〉

26. 某次戰爭之後，除了軍隊外，當地部分居民也被迫離開在此地居
    住上百年的家園，回到自己民族主要的居住地。這種情況可能發
    生在那一場戰爭之後？
    (A) 1871 年德國與法國戰爭結束之後，發生於亞爾薩斯地區
    (B) 1918 年凡爾賽條約簽訂之後，發生於義大利的北部地區
    (C) 1945 年德國戰敗投降之後，發生於羅馬尼亞及捷克地區
    (D) 1945 年日本戰敗投降之後，發生於琉球及朝鮮半島地區

27. 一位畫家，父親原為喀爾文教派律師，為了逃避宗教迫害而逃到
    德意志地區。稍後又隨母親回到家鄉，並接受了羅馬公教洗禮，
    宗教也成為他繪畫生涯中重要的主題。他曾在一個伯爵家服務，
    並接受正式教育，精通多種語言。21 歲時，他獲得當地畫家公會
    的承認，成為一名正式的畫家。這位畫家應當是何人？
    (A) 米開朗基羅（1475-1564）   (B) 魯本斯（1577-1640）
    (C) 莫內（1840-1926）   (D) 馬諦斯（1869-1954）

28. 有一個國家，其地曾經被亞歷山大大帝、波斯王朝及成吉思汗所
    征服；19 世紀以後，又遭西方強權統治；20 世紀初，該地重獲
    獨立，卻內亂不斷。歷史上，這裡是佛教傳教的重要據點，但現
    在居民主要信奉伊斯蘭教，使用波斯語。這是那一個國家？
    (A) 阿富汗   (B) 馬來西亞   (C) 斯里蘭卡   (D) 南斯拉夫

29. 學者指出：清代各省督撫權力，因為此一事件而獲得擴張的機
    會，此後，政局逐漸出現外重內輕的情形。所謂「此一事件」最
    可能是指：
    (A) 川楚白蓮教亂   (B) 鴉片戰爭
    (C) 太平軍起事   (D) 八國聯軍

30. 某人回憶道：他出生後，受到甲國統治。到了二十歲時，加入
甲國航空隊，卻受到同儕的歧視，後來去攻打曾經是他祖國的
乙國。不久，甲國戰敗，他又成為乙國國民。這個人的出生地
最可能是在那裡？

(A) 科西嘉　　　　　　　(B) 嘉義

(C) 特拉維夫　　　　　　(D) 加爾各答

31. 學者討論一位音樂家，說：「他代表一個時代的巔峰，也代表那
個時代的結束。他為教堂服務，為貴族服務，他的作品必須講求
整齊、理性，而不應表達個人的情感。」這位音樂家是誰？

(A) 18 世紀初的巴哈　　　(B) 19 世紀初的貝多芬

(C) 20 世紀初的荀伯格　　(D) 20 世紀末的伯恩斯坦

32. 一位思想家有感於時局混亂，寫了下列寓言：蝸牛的觸角上分別
建有蠻、觸兩個國家，雙方爭戰不休，殺得屍橫遍野。依據你的
歷史知識，這個寓言應該出現在那部書中？

(A) 老子　　　(B) 莊子　　　(C) 韓非子　　　(D) 戰國策

33. 第二次世界大戰中，甲國支持乙國佔領東歐；乙國應丙國要求，
對日本宣戰；丙國則同意甲國繼續保有香港。甲、乙、丙各是那
個國家？

(A) 甲：英國；乙：蘇聯；丙：美國

(B) 甲：英國；乙：美國；丙：蘇聯

(C) 甲：美國；乙：蘇聯；丙：英國

(D) 甲：美國；乙：英國；丙：中國

34. 一位學者表達他對宗教的看法：「宗教也應該與自然法則相吻合。上帝創造了宇宙之後便離開，不會再介入其間了。」所以他堅信宇宙從此依照一個固定的機械法則運作。這位學者最可能活在下列那一個時期中？
    (A) 10 世紀羅馬公教成爲歐洲人的主要信仰時
    (B) 14 世紀許多人提出「以人爲本」的思想時
    (C) 16 世紀許多人質疑教宗權威要改革宗教時
    (D) 17 世紀科學思想開始萌芽重新認識世界時

35. 一位詩人描述某歷史人物，說他「生是天驕死鬼雄，全歐震蕩氣猶龍」；讚美他的主要事功是推動「世間一切人平等」，即使稱帝，也仍然以天下爲念。這位詩人的思想，最接近那一種體制？
    (A) 專制獨裁　　　　　　(B) 君主立憲
    (C) 無政府主義　　　　　(D) 共和政體

36. 下表是 1905-1935 年間台灣四個都市 (高雄、台南、台北、基隆) 的人口變化統計表，表中的「丁」是指那一個城市？

	1905	1920	1935
甲	74415	147000	254204
乙	50712	76560	90919
丙	15345	23772	81516
丁	7206	21651	55914

    (A) 高雄　　(B) 台南　　(C) 台北　　(D) 基隆

二、多選題（8％）

說明：第 37 至 40 題，每題各有 5 個選項，其中至少有一個是正確的。選出正確選項，標示在答案卡之「選擇題答案區」。每題 2 分，各選項獨立計分，每答對一個選項，可得 0.4 分，每答錯一個選項，倒扣 0.4 分，完全答對得 2 分，整題未作答者，不給分亦不扣分。若在備答選項以外之區域劃記，一律倒扣 0.4 分。倒扣到本大題之實得分數為零為止。

37. 下列資料都來自唐代的典籍，如果你要撰寫一篇探討唐代經濟活動的小論文，必須運用那些資料？
   (A) 一切新舊徵科色（項）目停擺，年支兩稅徵納
   (B) 窮用甲兵，竭取財賦，以致於患難相繼而起
   (C) 舊制，人丁戍（防守）邊（疆）者，蠲（免）其租庸
   (D) 穀價騰踊，人情震驚，骨肉相棄，流離殞斃
   (E) 元和年間，收酒、茶、鹽等稅，總三千餘萬

38. 一位日本作家的自傳中，提到有關「日俄戰爭」時期的生活情況。下列敘述中，那些可能出現？
   (A) 東京街頭，許多青年人穿著西式服裝，進入西餐廳，慶祝日本戰勝
   (B) 許多電影院一直播放有關這場戰爭的紀錄片，以提振青年的愛國心
   (C) 來自台灣的留學生也感到好奇，寫信回台北，報告日本戰勝的消息
   (D) 電台廣播節目中，受邀參加的來賓熱烈討論如何運用俄國戰爭賠款
   (E) 許多青年組織旅行團，乘輪船先到中國，再輾轉經陸路到俄國參觀

39. 下表甲、乙兩國是台灣的主要貿易對象，根據你對台灣經濟發展的認識，關於此表，下列那些敘述合乎事實？

（單位：％）

年　代	出　　口		進　　口	
	甲	乙	甲	乙
1953	4.2	45.6	38.5	30.6
1955	4.4	59.6	47.5	30.5
1960	11.5	37.7	38.1	35.3
1965	21.3	30.6	31.7	39.8
1970	39.5	15.1	23.9	42.8
1975	34.3	13.1	27.8	30.5
1978	39.5	12.4	21.6	33.4

(A) 甲是日本，乙為美國

(B) 甲是美國，乙為日本

(C) 50年代出口至乙國以農產品為主

(D) 60年代從甲國進口以工業品為主

(E) 50年代的台灣已屬出口導向工業型態

40. 甘肅的漠地發現了一個長方形木牌，牌上以潦草的楷體書寫著：「仙師敕令：貴龍星鎮定空祟安」。我們應該如何了解這塊木牌？

(A) 這是道教的說法，仙師是指張天師

(B) 這是道家的說法，仙師指的是老子

(C) 這是晉代戍邊將士攜帶的道士符籙

(D) 這是唐代僧侶天竺取經攜回的佛書

(E) 這是元末白蓮教起事時動員的令牌

第貳部分：非選擇題（佔 20 分）

說明：本大題共有四題，答案務必寫在答案卷上，並於題號欄標明
　　　題號（1、2、3、4）與子題號（A、B、C...）。請依子題號
　　　作答，未標明題號或答錯題號者均不計分。每題配分標於題
　　　末。

1. 一份請願書中說到：「皇上年紀很小就登基，適值革命軍興，因
　 為不忍兵禍才決定退位。」今日幸有「大日本帝國仗義興師，驅
　 逐張氏。」所以大家公議制訂年號，「建立新邦」，日本率先承
　 認。請問：

　 (A) 這位「皇上」是指何人？（2 分）

　 (B) 張氏是指何人？（2 分）

　 (C) 「建立新邦」是指那一個國家？（2 分）

2. 請先閱讀下列二段資料，然後回答問題：

　 資料一：　老師介紹一個城市的歷史時說：「最早，羅馬人曾經
　　　　　　在此統治；十五世紀時，該地盛行伊斯蘭教；十八世
　　　　　　紀以後，信奉羅馬公教的統治者在這裡蓋了許多大教
　　　　　　堂。」

　 資料二：　1914 年，此地發生一個重大事件，後來引發「國際衝
　　　　　　突」。當時一位參與者的遺言是：「把我釘到十字架
　　　　　　上，我燃燒的軀體可以照亮同胞通往自由之路。」

　　　　　　請問：

　 (D) 資料一中「信奉羅馬公教的統治者」是指那一個國家？（2分）

　 (E) 這個「國際衝突」所指為何？（2分）

3. 請先閱讀下列三段資料，然後回答問題：

資料一： 「本城及其城外的工事、大砲及其他武器，糧食、商品、貨幣及所有其他物品，凡屬於公司的都要交給甲方。」、「米、麵包、葡萄酒、火藥、子彈、火繩及其他物品，凡所有乙方從此地到巴達維亞的航程中所必需者，都可毫無阻礙地裝進在泊船處及海邊的公司船隻。」

資料二： 「乙方軍人可以帶走他們的全部物品及貨幣，並依習俗，全副武裝，舉著打開的旗子、燃著火繩、子彈上膛，打著鼓出去上船。」

資料三： 「甲方被囚在城堡裏或泊船處公司船裏的俘虜，將和乙方被囚在甲方領域裏的俘虜交換。」、「甲方也要安排足夠的船給公司，以便運送人員和物品到巴達維亞。」請問：

(F) 資料中的「本城」是指何地？(2分)

(G) 資料中的「甲方」是指何者？(2分)

(H) 資料中的「公司」全名為何？(2分)

4. 右圖中，甲、乙、丙三種不同的箭頭符號表示中國歷史上三次較大規模的人口移動。請問：

(I) 三次人口移動的先後次序為何？(請以甲、乙、丙代號表示)(2分)

(J) 導致「丙」時期出現大規模人口移動的主要事件為何？(2分)

九十四年度指定科目考試歷史科試題詳解

第壹部分：選擇題

一、單選題

1. **D**

　　【解析】 二次世界大戰電視發展陷於停滯，1950 年代大多數工業化國家重新發展電視事業，電視逐漸取代廣播與報紙，成為主要的傳播媒體，故許多產品都強調商標。

2. **C**

　　【解析】 龍山與江浙良渚遺址發現象徵社會地位的文物，反映財富增加，貧富分化，各地建立起聯盟關係，設置政府及軍隊，考古學家稱之為「城市革命」。

3. **D**

　　【解析】 東南亞國家協會 (ASEAN) 簡稱為東協，係印尼、馬來西亞、菲律賓、泰國及新加坡等五個國家為防止共產主義擴散、促進區域經貿交流及合作，於 1967 年創立。區域內人口約 5 億，1984 年汶萊入會後，東協會員國增加為六國 (該六國通稱為東協創始會員國)，隨著 1995 年越南入會，1997 年寮國與緬甸入會，1999 年柬埔寨入會，目前會員國擴增為十個，由「會員國總人口佔世界人口 8%，組織內人民以天主教、伊斯蘭教及佛教為主要宗教」可知為「東南亞國協」。

4. **D**

【解析】　明末為了抵抗外患－滿清人等，政府增加稅收，卻因而
引發國內農民的叛亂－流寇之亂，結果首都被李自成
攻陷，明朝滅亡。

5. **A**

【解析】　漢武帝獨尊儒術原因之一是春秋公羊傳強調大一統觀
念，可作為削弱諸侯王的依據；當國家陷入分裂，或
朝廷要鼓吹集權中央、提振皇權時，春秋公羊傳認為
人世只有一個王者可以合法統治天下，成為重要依據。

6. **B**

【解析】　「士庶之別」（官宦與庶民之分），明清尤為明顯；漢
朝早期實行鄉舉里選（察舉或徵辟），可選出「賢良方
正」、「直言極諫」之士等任官，一般會受到社會肯定，
退職的官員回到家鄉之後，亦多受到民眾尊敬，有移
風易俗的功能。

7. **A**

【解析】　中英鴉片戰爭後簽訂南京條約規定「廢除洋行」等，
過去原本舉足輕重的行商遭到削弱。

8. **B**

【解析】　鴉片戰爭前中國採閉關自守態度，工業革命後英國等
為打開中國的市場，乾隆年間英國派遣馬戛爾尼等來
華，就有這些類似的記錄。

9. **A**

【解析】 漢末大亂人口流徙,各政權都欠缺勞動力,故不斷對外發展。

10. **D**

【解析】 (A) 鄭成功部隊樹立的界碑不可能「奉敕立石」,以滿、漢兩種文字書寫;

(B) 「崇禎三年」(1630)清朝未建立,清朝建立於1644年;

(C) 「台灣民主國」是甲午戰後(1895年後)才成立的。

11. **B**

【解析】 湖北雲夢睡虎地的秦墓裏,首次發現秦代竹簡,這批簡牘包括《秦律十八種》、《語書》、《日書》等,內容很豐富;湖北江陵張家山漢墓出土一千多枚簡,其中有中國最早的數學專著《算術書》和漢代法律等,湖北出土的簡牘,足以改變我們對秦漢時期楚文化的認識。

12. **C**

【解析】 乙:台灣總督為台灣最高行政長官,有緊急命令權,可不經國會頒布具法律效力之命令－1896年「六三法」;丙:總督擁有律令制定權和緊急命令權,但其頒布之命令或律令不得抵觸日本本國法律或天皇敕令－1906年「三一法」;甲:日本本土法律適用於台灣－1921年「法三號」。

13. **B**

【解析】唐代安史亂後天下大亂，戶籍散壞，戶口按規定申報者不到一半。

14. **A**

【解析】甲－戰國孟子：「民為貴，社稷次之，君為輕」；丙－漢朝天人感應說；乙－明末清初民本思想。

15. **D**

【解析】六朝中國家族門第觀念盛，家族繼承權以族內同姓男子為主幹，故男子再娶，後妻一定虐待前妻之子。

16. **C**

【解析】中國人民銀行於中華民國三十八年發行，即可知是中共在其統治區內所發行的貨幣，中共特別愛用「人民」，中國人民銀行只是其例之一。

17. **D**

【解析】十六世紀中後期，即明朝中末期，台灣西南部地區出現日本聚落，日本倭寇當時以此為據點，騷擾中國東南沿海。

18. **D**

【解析】「民教衝突，義和團事件」主要發生在山東、河北諸地；宋朝與遼族在澶淵之盟時以河北為邊界，由此可知此地是天津。

19. **A**

【解析】　英國是十八世紀後期工業革命的起源地，到十九世紀大批人口由農村湧進都市，城居人口到 1911 年時，變成五分之四。

20. **C**

【解析】　1933 年日本擴張軍備，退出國際聯盟後，發表「日本東亞新秩序」建設之聲明，想要奴隸中國，獨霸在中國的利益，故特別反對外國介入中國事務。

21. **C**

【解析】　鹽、鐵等早在漢武帝時已實施專賣，茶到唐宋時期才成為政府管制的項目。

22. **C**

【解析】　中古歐洲的教育受到基督教世界的影響，他們學習拉丁文、神學和希臘、羅馬人所學的七種學科：語法、數學、邏輯、音樂、天文、幾何、修辭，在頂峰則是神學，答案只有 (C) 屬於中古歐洲。

23. **C**

【解析】　「番仔火」的火柴，其成分為黃磷等化學原料，18 世紀的化學技術還不能製造火柴原料，這應是 19 世紀西洋商人傳入。

24. **D**

【解析】　泰國是佛教王國，其人口超過九成以上信佛教，斯里蘭卡、日本人信佛者亦頗多，此統計圖可知是佛教徒與全國人口之比例。

25. **B**

【解析】　由「葡萄牙人剛剛在澳門建立商業據點」「歐洲人還紛擾不安，為了儀式的問題爭吵不休」，可知是指 16 世紀的事；(A) 11-13 世紀；(C) 18 世紀；(D) 19 世紀。

26. **C**

【解析】　第二次世界大戰五國和約基本原則採政治界線和民族界線吻合後，羅馬尼亞將比薩拉比亞（從 1812 年到 1918 年曾為俄國所佔有）和布科維納北部地區（主要由烏克蘭人居住）讓給蘇聯，但它收復戰爭期間曾為匈牙利侵佔的特蘭西瓦尼亞北部地區，故有部分當地居民也被迫離開在此地居住上百年的家園，回到自己民族主要的居住地。

27. **B**

【解析】　「逃避宗教迫害」是關鍵處，1555 年日耳曼境內諸侯簽定奧古斯堡和約，允許日耳曼各邦統治者，有權決定自己國內的信仰，但是只限於天主教或路德教派，新、舊教各派對聖經的解釋不盡相同，每一個教派都「自以為義」，彼此互相迫害，故選 (B)。

28. **A**
　　【解析】(B) 馬來西亞：馬來語是馬來西亞的國語，英語的使用
　　　　　　也很廣泛，華語使用的人口也相當多；回教是官方
　　　　　　宗教，但也有佛教、印度教和基督教信徒；
　　　　　(C) 斯里蘭卡：兩個主要宗教是佛教和印度教；語言主
　　　　　　要是錫蘭語、英語；
　　　　　(D) 南斯拉夫：塞爾維亞—克羅西亞語、馬其頓語、
　　　　　　斯洛法尼亞語、阿爾巴尼亞語、匈牙利語均為官
　　　　　　方語言；信仰以東正教、天主教、回教為主。

29. **C**
　　【解析】太平軍起事後靠湘、淮軍平亂，清代各省督撫權力獲
　　　　　得擴張的機會，此後政局出現外重內輕的情形，逐漸
　　　　　形成地方軍閥割據的局面。

30. **B**
　　【解析】台灣曾被中國統治過，甲午戰後馬關條約割讓台灣給
　　　　　日本，第二次大戰後日本戰敗，台灣又被中國統治，
　　　　　故台灣嘉義人有此奇特遭遇。

31. **A**
　　【解析】十八世紀是歐洲啟蒙時代，理性主義盛行，「作品必須
　　　　　講求整齊、理性，而不應表達個人的情感」，故選 (A)。

32. **B**
　　【解析】莊子感於時局混亂，寫不少寓言故事，如齊物論、養
　　　　　生主、逍遙遊等，要人把生死、得失、成敗、是非等
　　　　　量齊觀。

33. **A**

　　【解析】　甲：英國支持蘇聯佔領東歐；乙：蘇聯在美國等要求
　　　　　　　　下對日參戰；丙：美國同意英國繼續保有鴉片戰後占
　　　　　　　　有的香港

34. **D**

　　【解析】　16、17 世紀科學革命時期的學者認為：「宗教也應該
　　　　　　　　與自然法則相吻合。上帝創造了宇宙之後便離開，不
　　　　　　　　會再介入其間了。」

35. **B**

　　【解析】　「即使稱帝，也仍然以天下為念」含有「君主立憲」
　　　　　　　　精神。

36. **A**

　　【解析】　甲－台北；乙－台南；丙－基隆。

二、多選題

37. **ACE**

　　【解析】　(B) (D) 秦漢衰敗時期較明顯。

38. **ABCE**

　　【解析】　(D) 1910 年代廣播開始成為大眾媒體，1912 年鐵達尼
　　　　　　　　　　號沈沒的新聞，就是由廣播首先播出；「日俄戰
　　　　　　　　　　爭」1905 年俄國戰敗，當時不可能透過電台廣播
　　　　　　　　　　節目播出。

39. **BCD**

　　【解析】(E) 中華民國政府逃到台灣之初，四十到五十年代從
　　　　　　　經濟重建期到進口替代期，54 年成立高雄、楠梓、
　　　　　　　台中加工出口區後才成為出口擴張期。

40. **AC**

　　【解析】(A)(C) 仙師（天師）是道教的稱呼，(D)(E) 都屬於佛
　　　　　　　教。

第貳部分：非選擇題

1. 【解答】(A) 愛新覺羅‧溥儀（清廢帝、清遜帝）；
　　　　　　(B) 張學良；
　　　　　　(C) 偽滿洲國。

2. 【解答】(D) 奧匈帝國（奧國、奧地利）；
　　　　　　(E) 第一次世界大戰。

3. 【解答】(F) 熱蘭遮城（安平）；
　　　　　　(G) 明鄭（鄭成功）；
　　　　　　(H) 荷屬東印度公司（荷蘭東印度公司）。

4. 【解答】(I) 丙、乙、甲；
　　　　　　(J) 永嘉之亂（五胡亂華）。

九十四學年度指定科目考試（歷史）
大考中心公佈答案

題　號	答　　　案	題　號	答　　　案
1	D	21	C
2	C	22	C
3	D	23	C
4	D	24	D
5	A	25	B
6	B	26	C
7	A	27	B
8	B	28	A
9	A	29	C
10	D	30	B
11	B	31	A
12	C	32	B
13	B	33	A
14	A	34	D
15	D	35	B
16	C	36	A
17	D	37	ACE
18	D	38	ABCE
19	A	39	BCD
20	C	40	AC

九十四學年度指定科目考試
各科成績標準一覽表

科　目	頂　標	前　標	均　標	後　標	底　標
國　文	60	53	44	34	27
英　文	69	55	34	16	8
數學甲	59	47	32	19	11
數學乙	61	46	25	10	4
化　學	76	59	34	15	8
物　理	57	41	23	12	6
生　物	71	59	44	31	22
歷　史	56	48	35	22	13
地　理	55	47	36	25	18

※ 以上五項標準係依各該科全體到考考生成績計算，且均取整數（小數
　只捨不入），各標準計算方式如下：

　頂標：成績位於第 88 百分位數之考生成績。

　前標：成績位於第 75 百分位數之考生成績。

　均標：成績位於第 50 百分位數之考生成績。

　後標：成績位於第 25 百分位數之考生成績。

　底標：成績位於第 12 百分位數之考生成績。

九十三年大學入學指定科目考試試題
歷史考科

第壹部分：選擇題（佔80分）

一、單選題（70％）

說明：第 1 至 35 題，每題選出一個最適當的選項，劃記在答案卡之「選擇題答案區」。每題答對得 2 分，答錯或劃記多於一個選項者倒扣 2/3 分，倒扣至本大題之實得分數爲零爲止，未作答者，不給分亦不扣分。

1. 台灣許多人名爲「太郎」、「次郎」或是「敏郎」等，這些人如此命名之背景爲何？
   (A) 唐代對人多以「郎」稱之，台灣沿襲此傳統，亦稱人曰「郎」
   (B) 繼承清代閩南地區的習俗，年輕男子稱「郎」，女子稱「娘」
   (C) 日本殖民統治初期的暫時現象，有人積極日化便以「郎」自稱
   (D) 應該是皇民化時期受到日本政府鼓勵，以日本方式爲子女命名

2. 一篇文告指出：賊人焚燒學宮，破壞孔子神主牌，所到之處，佛寺、道觀、城隍廟、社稷壇，均遭焚毀。所以號召有識之士起來討伐。這篇文告提到的「賊」，最可能是指：
   (A) 元末的白蓮教徒
   (B) 明朝末年的流寇
   (C) 清末的太平天國
   (D) 二十世紀初的中共

3. 源自印度的佛教，教義內容廣泛，主要包括大乘、小乘兩大教派。
   當佛教傳入中國，且經過「佛教中國化」之後，中國社會普遍流
   行的是大乘教義。對於這個現象，以下解釋何者較為合理？
   (A) 印度佛教裡大乘的勢力較大，影響所及，使中國也接受大
       乘佛教
   (B) 大乘佛教流傳於印度上層社會，傳入中國後，才為中國君
       主接受
   (C) 小乘佛教講求渡化個人，而大乘強調忠君，所以受中國君
       主歡迎
   (D) 大乘佛教的主張與中國士人理念較相合，所以中國選擇大
       乘義理

4. 一位歷史人物曾獲得這樣的評價：「他將歷史推往現代，他的
   天才與歷史的建設性力量合而為一；德意志和義大利的統一、
   民主自由政治的確立未必是他的本意，但這些事件皆得益於他
   的行動。」這位歷史人物應該是指下列何人？
   (A) 拿破崙　　　　　　　(B) 梅特涅
   (C) 俾斯麥　　　　　　　(D) 加富爾

5. 明代後期一位來自蘇州的考生，到了京城參加科舉考試。這位考
   生可能經歷下列何事？
   (A) 該生通過鄉試後，即獲准參加由皇帝親自主持的殿試
   (B) 在茶館裡，該生聽北京居民議論著官軍與日本的戰事
   (C) 該生在書肆裡購買剛翻譯成中文出版的《海國圖志》
   (D) 為了準備法律判例的考試，該生努力背誦《大明律》

6. 一位法國畫家認為：必須越過「巴特農神殿之馬」，回歸到「童
　 年時代的搖擺木馬」。他主張極力簡化形象的輪廓，運用一大片
　 一大片的顏色來表達他對周遭事物的感受。以下哪個名詞最適合
　 稱呼這種畫風？
　 (A) 文藝復興　　　　　　(B) 古典主義
　 (C) 寫實主義　　　　　　(D) 達達主義

7. 關羽死後，雖獲人民祭祀，但一直侷限在地方信仰。至宋代以後，
　 逐漸發展為全國信仰，也獲得官方的褒贈。對於宋代以後關羽信
　 仰的普及，下列解釋何者最為合理？
　 (A) 宋代以後的各朝代，要反抗異族統治，所以推崇關羽忠君愛
　　　 國的立場
　 (B) 宋代以後的各朝代因為外患頻仍，重夷夏之防，所以都提倡
　　　 關羽信仰
　 (C) 除了官方提倡外，桃園結義的異姓結合符合明清移民風氣漸
　　　 盛的環境
　 (D) 關羽是北方人，關公信仰的普及是中國文化由北而南發展的
　　　 重要證明

8. 右圖是某地區1905年至1960年的統計，圖中甲、乙兩條曲線，最
　 可能是以下何者？
　 (A) 甲為台灣人口出生率，乙為人口死亡率
　 (B) 甲為泰國稻米出口量，乙為蔗糖出口量
　 (C) 甲是日本工業生產總值，乙是出口總計
　 (D) 甲為德國鋼鐵的產量，乙為煤礦的產量

9. 1810年初，英國國會通過幾個法律，一方面增加稅收以彌補國用不足，另一方面為鼓勵農業生產，開始補貼農業活動。制訂這些法律的背景為何？
(A) 英國正與法國作戰，糧食無法進口，造成短缺，政府乃鼓勵生產
(B) 德法等國均有農業補貼，英國農業無法競爭，所以也採相同措施
(C) 當時許多社會主義者活躍，政府補貼農業以免他們響應社會主義
(D) 國會改革後，農民得以參政，政府為增取農民選票，故實施補貼

10. 西元六世紀時，某些修會有「工作即祈禱」的原則，希望終止之前自虐的苦修行為。當時該會的修士藉以代替苦修的工作為何？
(A) 繕寫書本，保存文獻
(B) 前往亞、非各地傳教
(C) 建立大學，培育人才
(D) 組織群眾，收復聖城

11. 學者指出：宋元以來，閩浙沿海出現一些經濟繁榮的大城市，如泉州，但是，到了明清時期，這些大城市陷入停滯，甚至倒退的狀態；然而，同一時期的沿海地區卻出現了一些規模不大的城市。關於這個現象，哪一個解釋較為合理？
(A) 受到日本崛起的影響，沿海城市的商業機能被日本吸收
(B) 受到西班牙殖民菲律賓影響，海上貿易機能萎縮的結果
(C) 受到阿拉伯人壟斷南洋貿易的影響，商業功能被其取代
(D) 受到朝廷對外政策的影響，正式通商被走私貿易所取代

12. 一位大使向皇帝陳明：「敝國皇帝仰賴貴國的支持，才能解決此次爭端。如果對匈牙利及俄國的戰爭無法避免，我國相信貴國一定會站在我國這一邊。俄國應當沒有戰爭的決心，但是他的盟邦可能會趁機火上加油。」這種說法的背景應當是：
    (A) 1861年起列強討論克里米亞半島問題
    (B) 1900年中英兩國協商結束義和團事變
    (C) 1903年英法兩國討論日俄戰爭的發展
    (D) 1914年德奧兩國討論解決巴爾幹問題

13. 清代台灣某地方志記錄南部平埔族社會，將「某個現象」的出現視爲平埔族公有制社會解體的跡象。此處「某個現象」最可能是以下何者：
    (A) 乞丐的出現　　　　　(B) 保甲的設置
    (C) 頭目的選舉　　　　　(D) 各社間的衝突

14. 某大學的學生開始進行接管大學的工作。學生們指出：接管後可以一掃受教育然後往上爬的價值觀，徹底粉碎保守派的奴才教育基礎。這最可能是在甚麼時空下發生的事？
    (A) 五四運動中，上海學生接管聖約翰大學
    (B) 滿洲國滅亡後，中國學生接管東北大學
    (C) 二二八事件中，台北學生接管台灣大學
    (D) 中共建國後，南京學生接管中央大學

15. 一個思潮出現之後，引起許多人的討論。一位德國詩人認爲那是一種疾病；另一位法國小說家卻認爲那是文學中的自由主義，融合怪異和悲劇性或莊嚴，是生命的完整的眞理。他們談論的是下列的那個文學思潮？
    (A) 理性主義　　　　　　(B) 古典主義
    (C) 浪漫主義　　　　　　(D) 寫實主義

16. 目前發現的中國新石器農業遺址，時間較早者，聚落內除了某個
大型房舍外，鮮少其他類型的建築遺址。但是，時間愈晚的遺址，
除了該類大型房舍外，在大型房舍四周分散著數量不等的小型建
築；而且越到後來，這種小型建築的數量越多。關於此一變化，
以下說明何者最為適當：
(A) 族長權威的萎縮　　　　(B) 族長權威的擴張
(C) 財產公有制強化　　　　(D) 私有財產制萌芽

17. 史載周公制禮作樂，以宗法維繫封建制度的運作。有百世不遷的
大宗，有五世則遷的小宗。如以周封伯禽於魯國，魯國內部又再
度分封若干小國為例，以下有關封建與宗法關係的說明，何者最
為適當？
(A) 周天子為魯國大宗，魯國內部再分封諸國也以周天子為大宗
(B) 魯國國君是魯國內部再分封諸國的大宗，周天子則為其小宗
(C) 周天子是魯國的大宗，魯國國君則是內部再分封諸國的大宗
(D) 周天子為一族，魯伯禽另為一族，在宗法上，二者並無關係

18. 根據記載：西元四世紀時，羅馬皇帝君士坦丁將羅馬城贈予當地
主教，史稱「君士坦丁的奉獻」，並有文件傳世。到了文藝復興
時期，學者瓦拉（L. Valla）卻證明這份文件是後人偽造。瓦拉最
可能用來證明其觀點的方法是：
(A) 比對語法　　　　　　　(B) 訪問耆老
(C) 化驗墨水　　　　　　　(D) 檢查紙張

19. 在人口大遷移以後，有一位政治人物，刻意使用當地的土語與當
地人士交談，藉以拉近彼此的距離。然而當地的士人平時卻爭相
使用洛陽之方言，以為這才是高級語言。這最可能是在那一個時
代發生的？

(A) 東晉北方士族因爲五胡之亂而避居江南，乃有這種現象

(B) 隋煬帝時一面營建東都，一面巡幸江南，造成這種現象

(C) 唐代武則天營建東都，籠絡江南士人，以打擊關隴集團

(D) 北宋士人居開封後，懷念故都洛陽風土，不忘故鄉語言

20. 有位君主熱愛軍隊，認爲這是國家強大的基礎，他平素生活簡單，將大部分財政收入都放在國家建設上；在此同時，另一位君主則從事宮殿建設，興建大型公共建築，並追求國家強大。這兩位君主作法似乎不同，但他們共同的想法應該是何者？

(A) 伸張自由民權　　　　(B) 強調絕對君權

(C) 建立共和政體　　　　(D) 確立君主立憲

21. 西亞某個建於十六世紀的清真寺，以繪有人像等各種圖形的瓷器碎片作爲建材。幾位同學對此發表意見，以下那個說法是對的？

(A) 這些瓷器因爲繪有人像，被反對偶像崇拜的回教徒敲碎，作爲建材

(B) 這些瓷器掠自拜占庭，伊斯蘭教義禁止使用瓷器，故改爲建材使用

(C) 這些瓷器來自中國與日本，因爲長途運輸破損，才被改作建材使用

(D) 這些瓷器來自印度，因上有印度教的符號而被敲碎，作爲建材使用

22. 一位思想家指責世人多以孔子之是非爲是非，反而就沒有了是非；又認爲人心是自私的，人若不自私，豈不就是無心了嗎？這位思想家最可能屬於那一個學派？

(A) 朱熹學派　　　　　　(B) 東林學派

(C) 陽明學派　　　　　　(D) 公羊學派

23. 下表是某國海軍的成長狀況，這應該是哪一國的情況？

單位：萬人

年度	1938	1939	1940	1941	1942	1943	1944	1945
數目	16	18	22	31	43	71	129.5	241.5

(A) 中國　　　(B) 日本　　　(C) 英國　　　(D) 俄國

24. 某種政體揭櫫的理想是：階級、種族、貧富的分別都消失了，人人平等，社會形成一個沒有分別的大團體。這個政體是下列何者？

(A) 自由民主　　　　　　(B) 極權政體

(C) 專制政體　　　　　　(D) 法治社會

25. 20世紀某史家撰文考證：唐高祖李淵起兵之初，曾向突厥借兵並且稱臣，才得以迅速進入長安，建立政權。這位史家指稱李淵「初雖從之，終將反之」。後來，有人認為這位史家描述的情節，頗有影射「時事」的意味。這裡所謂的「時事」，最可能是指哪一個歷史事件：

(A) 中國接受了日本政府提出的「二十一條」

(B) 「九一八事變」發生時南京政府的態度

(C) 中共1949年建國之後宣布對蘇聯一面倒

(D) 1949年在台灣的國民政府接受美國保護

26. 某一個新成立的國家，雖有元首，國務由總理主持，但大小政事必須根據該國與「帝國」的協議而行，外交也必須配合「帝國」的政策；這個國家雖有警察與軍隊，卻同時需要負擔「帝國」在該國駐軍的費用。這種情況是：

(A) 北美洲獨立後的狀況　　(B) 日本侵略朝鮮後的狀況

(C) 滿洲國成立後的狀況　　(D) 印度在獨立之前的狀況

27. 一位政治人物曾表示：「如果義大利向多瑙河、巴爾幹擴張，會造成歐洲戰爭，如果他們在非洲沙漠通行無阻，或者就能安靜下來。」這種說法的思想背景為何？
    (A) 十二世紀十字軍東征時羅馬教宗鼓動戰爭時的計畫
    (B) 十六世紀義大利計畫對外擴張時對法國遊說的說詞
    (C) 十八世紀拿破崙計畫併吞歐洲時採行的義大利政策
    (D) 二十世紀前半葉法國政府領導人主張的義大利政策

28. 某個時期，軍隊從地方的農民中徵調，並由所在地方政府協助戶籍管理；但日常的軍事訓練，由中央直轄的地方軍事機關來負責，地方政府不得干預，形成「兵出地方，權歸中央」。這是哪個時期的制度？
    (A) 漢　　　　(B) 唐　　　　(C) 元　　　　(D) 明

29. 某年美國總統召開國家安全委員會，討論是否同意中華民國政府派兵參戰的要求。這是在那一場戰爭中發生的事？
    (A) 對日抗戰　　　　　　(B) 印巴之戰
    (C) 韓戰　　　　　　　　(D) 波灣戰爭

30. 一份文契上說：「郭土火因與妻玉娘不和，願將玉娘退還娘家，由玉娘之父交付身價銀二百圓正，此後男婚女嫁各不相干。」關於這件文書，我們應有何認識？
    (A) 婚姻可以買與賣，顯見這是一種買賣婚姻，普遍存在於父權社會中
    (B) 這種情形常見於男多女少的華人移民社會，如清代台灣與南洋地區
    (C) 從文書中得知女性可以改嫁，顯示女性意識抬頭與社會對女性的尊重
    (D) 這份文書顯示明確的交易觀念，應該是資本主義社會特有的現象

31. 下表是某地區兩個城市的人口數目，請問這兩個城市最可能位於何處？

    (A) 日本的港口城市大阪及神戶
    (B) 英格蘭的利物浦及曼徹斯特
    (C) 台灣北部的台北城與淡水港
    (D) 德國的港口漢堡及法蘭克福

	1801年	1850年
甲	77000人	303000人
乙	71000人	242000人

32. 皇帝是中國傳統政治體系的核心角色，其命令被視爲最高權力，其權柄卻也因此常被親近者侵奪。在侵奪皇帝權柄者當中，哪一類是通貫兩漢時期最重要的政治角色？

    (A) 蕃帥　　　(B) 宦官　　　(C) 權臣　　　(D) 外戚

33. 十九世紀中，歐洲各國工業化的程度儘管出現了差異，但是他們都面臨著一個共同的問題。這個共同的問題是：

    (A) 人口快速增加　　　　(B) 種族衝突頻繁
    (C) 極權政治興起　　　　(D) 缺乏天然資源

34. 有人主張中日兩國應以生命合作爲口號，因爲：「日本既得南洋，所得物資已富，不必復取之中國，戰期則勢必延長，戰局且勢必擴大……中國非舉生命與日本合作，則不足以表示中國之友誼。」這種說法的時代背景是：

    (A) 清末李鴻章主持國家大政時所提倡的「聯日制俄」
    (B) 八國聯軍之後，國人保皇派主張聯合日本對抗歐美
    (C) 民國初年，青年學子希望效法日本明治維新的想法
    (D) 二次大戰時期，社會上一部分親日人士的對日態度

35. 二十世紀，甲國的民選總統有意徵收乙國某民營公司在甲國擁有的大片未開發土地，以分配給本國農民，因而得罪了乙國。乙國於是在甲國策動政變，推翻甲國政府。甲國與乙國各是何國？

    (A) 瓜地馬拉、美國　　　(B) 波蘭、蘇聯
    (C) 韓國、美國　　　　　(D) 埃及、英國

二、多選題（10 %）

說明：第 36 至 40 題，每題各有 5 個選項，其中至少有一個是正確的，
選出正確選項，劃記在答案卡之「選擇題答案區」。每題 2 分，
各選項獨立計分，每答對一個選項，可得 0.4 分，每答錯一個
選項，倒扣 0.4 分，完全答對得 2 分，整題未作答者，不給分
亦不扣分。在選項外劃記者，一律倒扣 0.4 分。倒扣至本大題
之實得分數爲零爲止。

36. 導遊說：「羅馬人在這裡留下許多遺跡，有引水的管道、競技場，
各種神廟建築。」這位導遊可能在何處？
(A) 法國南部　　　　　(B) 西班牙西南部
(C) 非洲北部　　　　　(D) 波蘭北部
(E) 義大利南方

37. 甲：「除非在一個統一的教會之下，否則一個國家不可能團結於
一個國王之下，服從同一部法律。」因此規定：其國內某些教派
信徒仍可以居住在其管轄的境內，但不得公開集會。在此同時，
乙表示：「歡迎那些因爲信仰而遭到迫害的人到我的國境內安居
樂業，我不會對他們攜帶的財產課稅，他們會受到國民一樣的待
遇。」這兩段話如何解讀？
(A) 這是羅馬公教與猶太教的衝突
(B) 這是基督新教與猶太教信徒的衝突
(C) 這是法國國王與境內新教徒的衝突
(D) 甲是希特勒，乙是美國總統
(E) 甲是法國國王，乙是某德意志領主

38. 1944 年，汪偽政權駐東京的大使館召開一次領事會議，請該使館
　　轄下所有領事館派員參加。當時有哪些地方應當派員出席？
　　(A) 漢城　　　　　(B) 台北　　　　　(C) 橫濱
　　(D) 長春　　　　　(E) 重慶

39. 19 世紀中，歐洲許多地區從浪漫思潮出發，進而對本民族的事務
　　發生強烈的興趣。在此風潮下，許多知識分子開始關注自身的文
　　化，發展出浪漫的國家意識。下列哪些表現屬於此類？
　　(A) 美國總統門羅主張：美洲是美洲人的美洲，歐洲人不宜干涉
　　　　美洲事務
　　(B) 愛爾蘭作家葉慈等人發起「青年愛爾蘭」活動，要讓愛爾蘭
　　　　文化復活
　　(C) 英國學者亞當斯密著書討論國家財富問題時主張政府不要干
　　　　預經濟活動
　　(D) 馬志尼等人發動「青年義大利」運動，希望統一義大利諸邦，
　　　　建立國家
　　(E) 德意志地區學者蒐集民間傳說故事，編撰成書出版，也有編寫
　　　　字典辭書

40. 閱讀以下資料，回答問題：
　　資料一：柳宗元〈封建論〉指出：秦始皇建立帝國，以郡縣取代
　　　　　　封建，固然出自「一己之私」，卻成就了「天下之公」。
　　資料二：黃宗羲《明夷待訪錄》批評皇帝是「以我之大私為天下
　　　　　　之公」，以滿足君主「一己之私」。
　　柳、黃二人同樣是針對皇帝這個制度發言，卻作出完全相反的評
　　論。關於這個差異，以下解釋何者較為合理？

(A) 柳宗元的說法是為帝制辯護，肯定帝制存在的合理性

(B) 黃宗羲對帝制的批判，符合明廢相後皇帝專權的史實

(C) 二人所批判的帝制因時代不同，而有不同的實質內涵

(D) 二人所處社會的結構不同，二說都有其當代的合理性

(E) 二說恰好相反，所以兩種說法中應該有一個是錯誤的

第貳部分：非選擇題（佔20分）

說明：本大題共有三題，答案務必寫在答案卷上，並於題號欄標明題
號(一、二、三)與子題號(1、2、3…)。每題配分標於題末。

一、參看以下資料，回答問題

圖一：1856-1895年台灣三項重要物
產出口價值統計（價值單位：英鎊）　　圖二：左圖丙產品在1864-1896年間
出口重量統計　　（重量單位：磅）

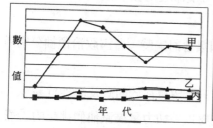
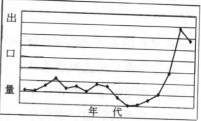

資料一：學者指出：日本在台殖民以後，由於種種原因，台灣曾
出現糖業衰退，產額減少，蔗園荒廢，蔗農窮困等現象。

資料二：史書記載：商人德克來設德記洋行，販賣鴉片、樟腦，
自安溪精選優良茶種來台，勸農分植，收成之時，悉為
採買，運售海外。

資料三：樟腦條約規定：「道台宣佈廢止〈官有樟腦專賣法〉，
內外商人得自由營業；外國商人可領取通行證，入內地
收買樟腦，運至開港商埠；入內地之外國商人若私入蕃
地而受損害或損失時，中國政府不負其責。」

試問：

1. 圖一的甲、丙兩項產品，分別是指什麼？（各2分，共4分）
2. 根據你的歷史知識，在20個字之內說明圖二丙產品產量較少且不穩定的可能原因？（4分，不得抄寫資料引文，否則不予計分。）

二、中國歷史上，有關戶口制度的規範均出於政策的考量，例如甲時期中規定：祖父母、父母若在時，子孫不得析戶分產別籍異財，但也不許親等疏遠者冒為同戶。乙時期卻因人民「故意析產分家」而一再強調：祖父母、父母若在，子孫不得分戶析財。丙時期中卻處罰同一戶籍內有兩名以上成年男丁而不分戶者。

請回答下列問題：

1. 排列：甲、乙、丙三個時期由早到晚的先後順序。（2分）
2. 在10個字之內說明乙時期人民「故意析產分家」的動機為何？（2分）

三、在維也納會議幾個主要參與國集會討論時，各國政治領袖分別就自身的重要利益表達意見。

甲：歐陸的事務與我何干？我只希望專注於內政及海外貿易。

乙：有些人計畫破壞秩序，我要以一切力量撲滅他們挑起的「燎原之火」。

丙：我要利用各國的衝突，來恢復我國的地位，結束我們的孤立。

丁：我一定要把波蘭弄到手，讓世人知道我們不是一個東邊的落後國家。

請回答下列問題：

1. 甲、丙、丁分別為哪三國的代表？（各2分，共6分）
2. 乙所指的「燎原之火」是什麼？（2分）

九十三年度指定科目考試歷史科試題詳解

第壹部分：選擇題

一、單選題

1. **D**

   【解析】 台灣在日治皇民化時期，從文化血統上要台灣人認同日本，要台灣人拜日本天照大神、說國語（日本話）、改日本姓氏等，故台灣許多人名為「太郎」、「次郎」或是「敏郎」等。

2. **C**

   【解析】 清末太平天國興起時焚燒學宮，破壞孔子神主牌，破壞中國傳統禮儀人倫，故曾國藩組湘軍，即以洪秀全違背歷史文化討伐之。

3. **D**

   【解析】 大乘佛教「普渡眾生」「我不入地獄誰入地獄」等的主張與中國士人「推己及人」「兼善天下」的理念較相合，所以中國選擇大乘義理。

4. **A**

   【解析】 拿破崙在十九世紀建立法蘭西帝國獨霸歐洲、改造歐洲時，把法國大革命的精神－自由、平等、博愛的精神傳播到歐洲各地，這是他對歐洲的最大貢獻；另外他統治原來德意志和義大利時，也奠定他們統一的初基。

5. **B**

【解析】 (A) 中國士子通過鄉試後，還要會試通過，才准參加由皇帝親自主持的殿試

(C) 《海國圖志》是清末魏源在鴉片戰爭後為「師夷長技以制夷」而編的書

(D) 明清八股科舉考試，只考四書五經，不考法律等。

6. **C**

【解析】 (A) 「文藝復興」人本主義思想發達，在以前人是附屬的，以神為主，喬托是第一個將人文主義融入畫中者，將聖者平民化，重視人和物的空間及立體感的表達，因此被稱為「文藝復興之父」。繪畫的特色為「明暗法」和「透視法」的發展。

(B) 「古典主義」十七八世紀時，興起「古希臘研究」熱潮，當時藝術家認為「藝術的理想絕不在個性的一點上，只有深得調和勻稱中庸之美的藝術，才是藝術的最高境界」，強調完全拋棄個人的主觀情感，而以理智的、調和的畫法為理想，以正確的素描為宗，色彩則被斥為感情用事的東西。

(C) 「寫實主義」主張運用一大片一大片的顏色來表達對周遭事物的感受。

(D) 「達達主義」（Dadaism）指第一次世界大戰期間在蘇黎世、紐約、巴黎等城市興起的一種虛無主義傾向的文藝運動，對大戰的恐懼和反感，藝術家並沒有一定的風格手法，或抽象、或拼貼、或用現成品（Ready-mades），各自選擇獨特的表現形式進行創作。達達主義基本上就是強調「非邏輯的無意義」的概念，dada 原本指的是幼兒所稱的「木馬」的發聲詞，意含幼稚、諷刺以及「無意義」的意思。

7. **C**

　【解析】　宋代後，關羽發展為全國信仰，也獲得官方的褒贈，這
　　　　　與桃園三結義的異姓結合符合明清移民風氣漸盛的環境
　　　　　有關。

8. **A**

　【解析】　台灣在 1905 年至 1960 年間人口出生率起伏不大，但人
　　　　　口死亡率大幅下降。

9. **A**

　【解析】　1810 年是拿破崙獨霸歐洲之際，英國不肯屈服，與法國
　　　　　作戰，使糧食無法進口，造成短缺，英國政府乃鼓勵農
　　　　　業生產。

10. **A**

　【解析】　歐洲中古時期基督教修士除了追求聖靈的生活外，也從
　　　　　事一些實際的活動，如耕田、抄寫古書等，保存古代知
　　　　　識的遺產，　後來文藝復興留下一些文獻。

11. **D**

　【解析】　明清時期實施海禁政策（明初防倭寇；明末防豐臣秀吉；
　　　　　清初防鄭氏政權），正式通商被走私貿易所取代，泉州這
　　　　　些大城市陷入停滯，甚至倒退的狀態；然而，同一時期
　　　　　的沿海地區卻出現了一些規模不大的城市。

12. **D**

　【解析】　1914 年第一次世界大戰前，巴爾幹半島風雲急，日耳曼
　　　　　民族（奧國、匈牙利）與斯拉夫民族（俄國、塞爾為亞
　　　　　等）衝突愈甚，德奧兩國討論解決巴爾幹問題。

13. **A**

【解析】　乞丐的出現為平埔族公有制社會解體的**迹象**，故有人乞討維生。

14. **D**

【解析】　1949 年中共建國後，南京學生接管中央大學後，打破傳統教育觀念，徹底粉碎保守派的奴才教育基礎。

15. **C**

【解析】　十八世紀末至十九世紀中（1770 年－1850 年）浪漫主義興起，強調個性、重視情感、反對傳統、迷戀中古，作家注重個人的獨特性格，尤其對自己內心的感覺充滿興趣，故一位詩人認為那是一種疾病；另一位小說家卻認為那是文學中的自由主義，是生命的完整的真理。

16. **D**

【解析】　新石器遺址，聚落內開始有房舍，四周分散著這種小型建築的數量越多，證明私有財產制萌芽。

17. **C**

【解析】　西周封建與宗法關係頗為密切，周天子以嫡長子繼承王位為大宗；其餘嫡次子、庶子等被封為諸侯，諸侯對周天子而言為小宗，但在他的諸侯國內是大宗，故周天子是魯國的大宗，魯國國君則是內部再分封諸國的大宗。

18. **A**

【解析】　比對語法可證明「君士坦丁的奉獻」這份文件是後人偽造。

19. **A**

【解析】 永嘉之亂後，晉室南遷，出現北人刻意使用當地的土語
與當地人士交談，藉以拉近彼此的距離，當地的士人平
時卻爭相使用洛陽之方言。

20. **B**

【解析】 這兩位君主共同追求國家強大，必須強調絕對君權，才
有辦法達到。

21. **C**

【解析】 瓷器來自中國與日本，因為長途運輸破損，才被改作建
材使用。

22. **C**

【解析】 明代陽明學派主張心即是理、致良知、知行合一等，強
調天地萬事萬物均在吾心之中，以吾心為是非衡量的標
準，故指責世人多以孔子之是非為是非，反而就沒有了
是非。

23. **B**

【解析】 日本　了發動參加第二次世界大戰（1937－1945 年），
軍隊不斷增加。

24. **B**

【解析】 極權政體，專制獨裁統治，故階級、種族、貧富的分別
都消失了。

25. **C**

【解析】 中共在蘇聯扶持下 1949 年建國，先對蘇聯一面倒，稱蘇聯為老大哥，後雙方為了利益和邊界問題等鬧翻，不惜兵戎相見，似李淵「初雖從之，終將反之」。

26. **C**

【解析】 民國二十一年滿洲國成立後，即是日本帝國的傀儡，故大小政事必須根據該國與「帝國」的協議而行，外交也必須配合「帝國」的政策。

27. **D**

【解析】 二十世紀前半法國領導人主張「如果義大利向多瑙河、巴爾幹擴張，會造成歐洲戰爭，如果他們在非洲沙漠通行無阻，或者就能安靜下來。」

28. **B**

【解析】 唐代府兵制度發農為兵，（明代衛所兵制發兵為兵），兵民分籍，並規定軍事訓練，由中央直轄的地方軍事機關來負責，地方政府不得干預，形成「兵出地方，權歸中央」，以免將帥專擅（軍閥割據）。

29. **C**

【解析】 1950 年韓戰爆發，美國曾討論是否同意中華民國政府派兵參戰的要求。

30. **B**

【解析】 夫妻婚後不合離婚，此後男婚女嫁各不相干，常見於男多女少的華人移民社會，如清代台灣與南洋地區。

31. **B**

【解析】 工業革命（十八世紀末）興起的都市英格蘭的利物浦及曼徹斯特人口增加快速。

32. **D**

【解析】 外戚王莽篡西漢；外戚竇氏等在東漢專權，加上東漢幼主特別多，外戚與宦官交相亂政，加速東漢衰亡。

33. **A**

【解析】 人口快速增加是十九世紀中，歐洲工業化各國共同面臨的問題。

34. **D**

【解析】 八年抗戰（二次大戰）部分親日人士（如汪精衛）希望中日密切合作。

35. **A**

【解析】 美國曾為了瓜地馬拉總統阿本斯徵收美國聯合果品公司在瓜地馬拉擁有的大片未開發土地，以分配給本國農民，因而在 1954 年策動政變推翻阿本斯。

二、多選題

36. **ABCE**

【解析】 羅馬人曾統治過法國南部、西班牙西南部、非洲北部、義大利南方。

37. **CE**

【解析】 宗教改革（十六世紀）後，到一五五〇年代出現宗教自決，每一個國家的統治者有權決定該國的信仰，該國境內的人民必須信奉相同的教派，否則只有遷居他國，由資料可看出是法國國王與境內新教徒的衝突。

38. ABC

【解析】 1895 年甲午戰爭後台灣、朝鮮先後被日本佔領，故汪精
衛政權駐東京的大使館管轄含朝鮮漢城、台灣台北、日
本橫濱。

39. BDE

【解析】 (A) 美國總統門羅在 1823 年提出門羅主義，目的是要維
護拉丁美洲的獨立地位

(C) 工業革命後英國學者亞當斯密著「國富論」，主張自
由主義的經濟政策。

40. ABCD

【解析】 (E) 柳宗元為帝制辯護，肯定帝制存在；黃宗羲對帝制
的批判，有民本思想，都有其時代性，不一定錯誤。

第貳部分：非選擇題

一、 1. 甲：茶　　丙：樟腦

2. 山區種植樟腦，易與原住民發生衝突，時有損失

二、 1. 丙、甲、乙【丙－戰國秦商鞅變法規定；甲－唐朝規定；
乙－宋朝規定】

2. 人民為了逃避徭（賦）役

三、 1. 英、法、俄

2. 革命風潮－或法國大革命後（拿破崙帶動）的革命風潮－
【不可寫法國大革命】

九十三學年度指定科目考試（歷史）

大考中心公佈答案

題　號	答　案	題　號	答　案
1	D	21	C
2	C	22	C
3	D	23	B
4	A	24	B
5	B	25	C
6	C	26	C
7	C	27	D
8	A	28	B
9	A	29	C
10	A	30	B
11	D	31	B
12	D	32	D
13	A	33	A
14	D	34	D
15	C	35	A
16	D	36	ABCE
17	C	37	CE
18	A	38	ABC
19	A	39	BDE
20	B	40	ABCD

九十三學年度指定科目考試
各科成績標準一覽表

科　目	頂　標	前　標	均　標	後　標	底　標
國　文	73	67	58	47	39
英　文	58	44	27	15	9
數學甲	66	50	30	18	10
數學乙	65	50	32	19	12
化　學	66	51	30	15	7
物　理	75	59	35	19	12
生　物	80	71	57	43	33
歷　史	49	41	30	19	12
地　理	60	52	42	30	21

※ 以上五項標準係依各該科全體到考考生成績計算，且均取整數（小數
　只捨不入），各標準計算方式如下：

頂標：成績位於第 88 百分位數之考生成績。

前標：成績位於第 75 百分位數之考生成績。

均標：成績位於第 50 百分位數之考生成績。

後標：成績位於第 25 百分位數之考生成績。

底標：成績位於第 12 百分位數之考生成績。

九十二年大學入學指定科目考試試題
歷史考科

壹、單一選擇題（76％）

說明：第 1 至 38 題為單一選擇題，每題選出一個最適當的選項，標示在答案卡之「選擇題答案區」。每題答對得 2 分，答錯倒扣 2/3 分，倒扣到本大題之實得分數為零為止。整題未作答者，不給分亦不扣分。

1. 學者整理出土文物，甲遺址有數量不多、用轉輪製成的陶器；乙遺址只發現數量可觀的骨製器具，如骨針等；丙遺址有少量穀子和大量的各種動物骨骸。這三個遺址的先後順序是：
   (A) 乙－丙－甲　　　　　(B) 甲－乙－丙
   (C) 丙－乙－甲　　　　　(D) 乙－甲－丙

2. 一位正擔任中央大臣者，回憶其早年入仕過程，雖順利通過禮部考試，因未能通過吏部測試，不得派任官職，只好暫時接受地方政府首長聘任，擔任僚佐。根據你的歷史知識，這個官僚可能身處哪個時期？
   (A) 漢代　　(B) 唐代　　(C) 元代　　　(D) 清代

3. 一項記載指出某地：「居民七十九家，計二百五十七人，無土著。中有女眷者一人，年六十以上者六人，十六以下者無一人。皆丁壯力農，無妻室，無老耆幼童。」根據你對漢人移民入台開發過程的知識，這類居民結構最可能出現在以下何時何地（注：地名為今地名）？
   (A) 明鄭時期的新竹　　　(B) 康熙中期的嘉義
   (C) 雍正時期的台南　　　(D) 乾隆晚期的鹿港

4. 一本史書記載某人公開表示：「凡不遵王法而自創邦國者，叛逆所為，豈欲冒此不諱名哉？奈(何)王加征(稅)，又非法苦(毒)我，始設新政，自守疆域，非得已也。」這位說話者最可能是誰？
(A) 華盛頓　　　(B) 李自成　　　(C) 俾斯麥　　　(D) 唐景崧

5. 一位士人經歷一場劇變後，指出這是因為當時國家集權太甚，「萬里之遠，皆朝廷所制。」地方無力，導致「外寇憑陵時而莫禦，讎恥最甚而莫報」的結果，這位學者可能經歷了以下哪一場事件？
(A) 西晉五胡亂華　　　　　(B) 中唐安史之亂
(C) 北宋亡於女真　　　　　(D) 清末八國聯軍

6. 西元前 300 年左右，一位雅典商人跟朋友談起自己的事業：「我發現自從亞歷山大東征後，我的生意蒸蒸日上，特別是與波斯人的貿易，讓我賺進更多錢」。這位商人成功的原因最可能是：
(A) 由於埃及受到希臘人統治，使埃及商人無法與雅典商人競爭
(B) 雅典與波斯之間不再有政治藩籬，進行遠距離貿易更為便利
(C) 因為希臘的造船技術大為精進，使貨物的運送更為快速便捷
(D) 東征過程中發現新航路與貿易路線，使商人更容易進入東方

7. 一位前往洛陽經商的潞州商人，住在洛陽城中一處專供潞州人居住的建築物裡，接洽商務、匯兌、裝卸貨物，均極便利。此人因生意有成，在這棟建築物裡唱戲酬神。這位商人最可能身處哪個時代？
(A) 漢代　　　(B) 唐代　　　(C) 宋元　　　(D) 明清

8.

職業別	農漁牧	工業	商業	交通業	公職	其他	合計
人數	48	1022	1149	371	1449	7	4046
%	1.19	25.26	28.40	9.17	35.81	0.17	100.0

註：「％」指佔該地區該族裔總人口數的百分比

上表是某地某時期某族裔的職業結構統計表，根據你的歷史知識，這個族裔可能是指：

(A) 1800 年代北美的新英格蘭移民

(B) 1850 年代澳大利亞的英裔移民

(C) 1920 年代住在台灣的日本人

(D) 1950 年代新加坡的印度裔

9. 春秋戰國諸子百家著述各異，但都是因應社會變遷，各自提出挽救時弊的主張。墨子主張國家應「節用」，不要浪費。孟子強調劃定土地經界。商鞅主張開闢草萊，制定阡陌。對於以上三位學者的主張，以下說明何者較為適當？

(A) 三者立論相同，都站在維護統治者利益的立場

(B) 三者立論相同，都是基於維護農民利益的立場

(C) 三者立論互異，但同樣是以精耕細作的小農經濟做考量

(D) 三者立論互異，且不是根據精耕細作的小農經濟做考量

10. 社會上的各種人：王公貴族、平民、商人、店員、農民、地主、工廠主、工人、教師、學生、同性戀、殘障人士等等，都積極參與這場政治運動。這場政治運動最可能屬於什麼性質？

(A) 民族主義　　　　　　(B) 社會主義

(C) 自由主義　　　　　　(D) 法西斯主義

11. 帝國主義國家在殖民地從事建設時，往往優先考量母國利益，而非照顧殖民地。根據這種觀點，英國殖民印度時最先開始的可能是哪一項建設？

(A) 交通設施　　　　　　(B) 水利設施

(C) 教育制度　　　　　　(D) 議會制度

12. 某書描述杭州一名女子改扮男裝，進入書院讀書。途中偶遇一男子，自此揭開一場動人的愛情故事。但因男女雙方社會地位懸殊，故事以雙方殉情作結。這部書描述的情境最早可能出現在哪個時期？
    (A) 故事提到男女間社會地位懸殊，應係六朝門第社會的反映
    (B) 故事提到婦女入學讀書，應係自由開放的盛唐社會之反映
    (C) 故事提到書院制度，說明這個故事最早可能是發生在宋代
    (D) 故事強調女性自主，該故事可能出現在受西方影響的民初

13. 一本史書描述：「聯合國安理會召開緊急會議，介入此次衝突，這是聯合國成立以來第一次的軍事聯合行動，也是冷戰的最佳範例，美蘇兩強在遙遠的國度進行軍事對抗。」這次事件是指何者？
    (A) 韓戰　　(B) 柏林危機　　(C) 古巴危機　　(D) 波灣戰爭

14. 至唐為止，法律規定嫡子纔擁有財產繼承權。至宋代，庶子也可參與財產分配。到了明清時期，非婚生子也擁有程度不一的財產繼承權。從家庭內部權力關係來說，上述變化反映出何種趨勢？
    (A) 傳統家庭觀念逐漸解體
    (B) 家庭成員關係趨於平等
    (C) 嫡妻的地位日漸上昇
    (D) 家父長權力益趨鞏固

15. 一位學者主張：「以六經、孔、孟之旨，還之六經、孔、孟」。關於這位學者的主張，以下說法何者較為適當？
    (A) 這是漢代今文經學，主張以微言大義，詮釋原始儒學的精義
    (B) 這是唐人編纂五經正義的宗旨，以恢復兩漢以來的經學傳統
    (C) 這是宋明時期的理學，主張直指本心，振興原始儒學的精神
    (D) 這是清代經學考據，主張通過經典考據，還原原始儒學真相

16. 從 1510 年起的一段時間裡，下表甲、乙、丙三組「商品」是歐洲各國進行國際貿易的主軸。如果，歐洲經由輸出、交換或生產，最後再將獲利輸入歐洲。請問從「歐洲輸出、交換或生產、再輸入歐洲」的先後順序為何？
    (A) 甲、丙、乙
    (B) 乙、丙、甲
    (C) 丙、甲、乙
    (D) 丙、乙、甲

組別	甲	乙	丙
商品內容	鹽　酒 火器　布匹 五金	糖 煙草 稻米	奴隸

17. 戰國初期，傳統社會組織解體。魏國李悝（或李克）首倡「盡地力之教」，實施平抑米價的平糴法，以免穀賤傷農；同時制定《法經》六篇，以為「王者之政，莫急於盜賊。」故以盜法為《法經》首篇。關於上述記載，下列各項解釋何者較適當？
    (A) 盜賊現象的普遍出現，反映出戰國時期國家權力的衰弱
    (B) 農民失去氏族保護，當生產失調、生計無著，成為盜賊
    (C) 李悝努力地維護封建秩序，因而誇大盜賊問題的嚴重性
    (D) 李悝盡地力之教，強迫農民生產，引起農民反對而為盜賊

18. 某人指出：我發現四顆行星，發現銀河系是一團星體，這是以前的天文學家未曾觀察到的。借助於望遠鏡，清楚出現在感官前，古往今來煩擾哲學家們的爭辯，為我們看到的證據所破除。這種說法最可能出現在哪個時期？
    (A) 天文學是十五世紀發展起來的，所以這是十五世紀的事
    (B) 科學革命是十六世紀肇端的，所以這是十六世紀的事
    (C) 望遠鏡是在十七世紀發明的，所以這是十七世紀的事
    (D) 能如此觀測行星者只有牛頓，所以這是十八世紀的事

19. 一個國際組織的規約中表示：「1. 會員國應依國家安全之最小需求及國際義務裁減軍備；2. 對會員國的軍事威脅視同對整體的共同威脅；3. 會員國間之爭端應交仲裁，各國亦應遵守仲裁結果。」請問這是哪一個組織的規約？
    (A) 三國同盟　　　　　　　(B) 國際聯盟
    (C) 北大西洋公約組織　　　(D) 華沙公約組織

20. 以下哪一項最可能是歐洲中古商業組織行會所訂立的規範？
    (A) 「每家應提供一人為領主的草地割草兩天，他能從領主那裡每天接受三餐。」
    (B) 「從早晨到十點是讀書的時間。十時以後到下午五時前，個人要做指派的工作。」
    (C) 「所有的成員可以接受生活上的必需品做為勞動的報酬，但不能接受錢幣。」
    (D) 「本團體中任何一人，工作不得早於一日之始，或晚於教堂鳴鐘之時。」

21. 朝廷討論調兵征討某地的叛亂，某官員說：「這些地方軍隊平時自行抽的稅就足以養兵，當朝廷命令他們出兵時，卻又向朝廷要糧要餉，討伐時又常藉故遲緩不前，甚至和叛賊勾結。要動員這些軍隊必須審慎，否則只是多耗錢財而少功效。」這位官員最可能是：
    (A) 漢·周亞夫　(B) 唐·李德裕　(C) 宋·范仲淹　(D) 清·曾國藩

22. 一個人如此批評某國：他們有一種錯誤看法，以為各種信仰可合併為一，他們相信談論宗教的方式越多，對公眾越有利。儘管他們犯了這種錯誤，幸好他們仍讓我們自由傳道。這個人最可能屬於哪種宗教，而他批評的是哪個國家？
    (A) 猶太教徒，阿拉伯　　　(B) 伊斯蘭教徒，印度
    (C) 佛教徒，美國　　　　　(D) 基督教徒，中國

23. 一部宗教經典指出：「人之爲善於地上，天上亦應之爲善；人之爲惡於地上，天上亦應之爲惡，乃其氣上通也。」根據你的歷史知識，這段話反映的觀念可能出現在哪部經典中？
(A) 這個說法反映出善惡二元論，應爲基督教早期經典的觀點
(B) 這個說法反映出天人感應論，應爲東漢末道教經典的觀點
(C) 這個說法反映出善惡報應的觀念，可能出自印度早期經典
(D) 這個說法反映出真神造物的觀念，可能出自伊斯蘭教經典

24. 有人認爲：「1920 年代是大衆文化興起的重要開端。」並具體指出一項新產品對大衆文化有重大影響。請問他指的產品是？
(A) 電視　　　(B) 收音機　　　(C) 報紙　　　(D) 電報

25. 右圖顯示 1945 年某地的人口組成比例，請問這種人口結構最可能發生在下列哪個地區？
(A) 拉丁美洲
(B) 南非
(C) 巴爾幹半島
(D) 印度半島

26. 課堂上同學討論導致西元 476 年西羅馬帝國滅亡的原因，其中哪一位同學的發言內容較爲適當？
(A) 羅馬人生性保守，排斥希臘文化，未能有效吸收希臘文明養分
(B) 羅馬與迦太基之間發生長期的戰爭，嚴重耗損羅馬既有的國力
(C) 羅馬後期爲排斥基督教的影響，鎮壓基督教徒，引起激烈反抗
(D) 羅馬帝國的版圖擴張過於快速，無法有效管理帝國和應付外患

27. 這座佛寺不衹是個宗教場所,同時也是地方金融中心,寺院借貸給農民並收取高額利息。寺院擁有龐大的地產和大量的身分依附者,寺院長老們正和來到寺院的達官貴人們探討著深奧的佛理。這是什麼時期的現象?
   (A) 這是佛教剛傳入中國的兩漢時期之特徵
   (B) 這是南北朝、隋唐時期佛教寺院的特徵
   (C) 這是兩宋時期商品經濟繁榮下寺院的寫照
   (D) 這是明清時期土地財富向寺院集中的表徵

28. 有一項條約規定:「中日兩國應當互相尊重,確保東亞地區和平,日本願意放棄在華享有的治外法權,交還租界,雙方在經濟事務上緊密合作。中國政府應補償日本臣民自『事變』發生以來在中國所遭受的經濟損失。」此處所說的『事變』是指什麼?
   (A) 清末的庚子義和團事變　　(B) 五四運動中的反日行動
   (C) 民國 26 年的盧溝橋事變　　(D) 民國 31 年的珍珠港事變

29. 作家描述一個城市:「與倫敦人口差不多,都在五萬人上下,全世界最上等的羊毛在此地加工,織成布料後,行銷各地。許多商人集資,要在市中心建一座大教堂。工程進行中,商船隊除了帶回印度香料外,還帶回亞洲黑鼠,使全城五分之四的人在一年中相繼死亡,勞工短缺,必須緊急進口奴隸應急,教堂興建工作才得以繼續。」這座城市可能是:
   (A) 十世紀的君士坦丁堡　　(B) 十二世紀的雅典
   (C) 十四世紀的佛羅倫斯　　(D) 十六世紀的巴黎

30. 清康熙時期,許多西方傳教士在中國傳教,原本並未受到限制,皇帝也任命教士在欽天監工作,並翻譯西方書籍。自康熙 46 年 (1707) 以後,卻將教廷派來的專使逐出國境,並禁止基督教在中國傳布。導致此一改變的可能原因是:

(A) 教宗禁止中國信徒敬天祭祖，又主張教權高於皇權，使皇帝不滿

(B) 為避免西方文化大舉入侵，所以中國學習日本，也實施鎖國政策

(C) 當時許多民間叛亂組織與基督教士勾結，皇帝才禁止基督教活動

(D) 三藩之亂平定後，皇帝開始重視滿洲文化，希望建立滿洲的信仰

31. 幾位同學討論一項 1880 年與 1914 年兩個年度歐洲主要國家的統計圖，請問哪個說法最正確？

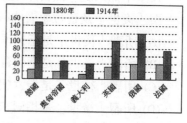

(A) 這是各國人口的統計，第一次大戰前德意志帝國幅員甚大，所以人口較多

(B) 這是各國海軍船艦的總噸數，英國戰艦總噸數雖少但先進，所以國力最強

(C) 這是各國移往美國的人口數，20 世紀初美國的移民主要來自這些國家

(D) 這是各國軍費支出的情況，20 世紀初，各國積極從事軍備建設，軍費龐大

32. 一部小說中有這樣的情節：「(外國)公使認為現任的山東巡撫人很好。不像他的前任府台，老是同我們敝國人作對。自從現任接手之後，我們的鐵路已經放長了好幾百里，還肯把濰縣城外一塊地方借給我們的軍隊做操場。」這部小說可能是以下列哪個事件做為背景？

(A) 1845 年，中英簽訂南京條約幾年之後

(B) 1900 年，中德簽訂膠州灣租借條約幾年之後

(C) 1905 年，美國提出門戶開放政策幾年之後

(D) 1910 年，日俄戰爭結束幾年之後

33. 某人被後來的學者視為古代思想一大突破的關鍵人物，認為此人「將人從天上帶回到人間來。」下列有關「某人觀點」的說明，何者較為適當？
   (A) 這是對古埃及政教合一制度的讚美
   (B) 這是對猶太教經典神人關係的描述
   (C) 這是對中國殷商時期人性觀的說明
   (D) 這是對古希臘哲學家人文觀的觀察

34. 某學者指出：「宗子法廢，後世尚譜牒，猶有遺風。譜牒又廢，人家不知來處。無百年之家，骨肉無統，雖至親，恩亦薄。」所謂「後世」及這位學者的時代可能是：
   (A) 所謂「後世」是指秦漢，這位學者是六朝時人
   (B) 所謂「後世」是指魏晉，這位學者是隋唐時人
   (C) 所謂「後世」是指六朝，這位學者是兩宋時人
   (D) 所謂「後世」是指兩宋，這位學者是明清時人

35. 幾位同學討論一張有關 1940 年到 1990 年間台灣的統計圖，哪一位的說法最正確？
   (A) 這是台灣人口職業結構統計圖，顯示台灣工業人口增加，農業人口減少
   (B) 這是台灣人口結構改變統計圖，顯示台灣城市人口增加，鄉村人口減少

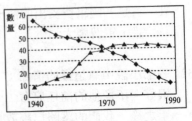

   (C) 這是台灣對日本進出口的統計圖，顯示台灣對日本輸出減少，輸入增加
   (D) 這是台灣對美國進出口的統計圖，顯示台灣對美國輸出增加，輸入減少

36. 一本《新撰外國地理》課本的章節目次包括:「中國本部、滿洲、波斯、印度、暹羅、法屬亞洲、英屬馬來半島、英屬加拿大及黑暗大陸總論」等。我們應如何認識這本書?
    (A) 這是十八世紀初期英國人對世界地理的看法
    (B) 這是十九世紀初期美國人對世界地理的描述
    (C) 這是二十世紀初期日本人對世界地理的分類
    (D) 這是中國在二次大戰後對新國家出現的敘述

37. 某個宗教的信徒散佈在歐洲許多國家,1930 年時,波蘭人口的10% 屬於該教派,捷克及俄羅斯亦有 3%,奧地利及土耳其境內該教派信徒亦佔總人口的 6%。請問這是哪一個教派?
    (A) 羅馬公教　　(B) 東正教　　(C) 伊斯蘭教　　(D) 猶太教

38. 史家描述第二次世界大戰中各國領袖的性格:邱吉爾「有想像力但不穩定」,羅斯福「天真而喜歡喊口號」,他們並不比「往往情緒失常而暴怒」的希特勒更明智。對於這種說法,以下理解何者較為適當?
    (A) 這位史家的說法是對歷史事實的客觀陳述,可以採信
    (B) 這個說法只是這位史家的片面的主觀意見,不足採信
    (C) 這是史家從特定角度評論歷史人物的結果,可以作為參考
    (D) 可見當時各國領導人都不明智,因而掀起第二次世界大戰

貳、多重選擇題（8%）

說明: 第 39 至 42 題,每題各有 5 個選項,其中至少有一個是正確的,選出正確選項,標示在答案卡之「選擇題答案區」。各選項獨立計分,每答對一個選項,可得 0.4 分,完全答對得 2 分,每答錯一個倒扣 0.4 分;整題未作答者,不給分亦不扣分。若在備答選項以外之區域劃記,一律倒扣 0.4 分。倒扣到本大題之實得分數為零為止。

39. 一位清代學者指出：「地氣之盛衰，久則必變。唐開元、天寶間，地氣自西北轉東北之變局也。」我們應如何理解這個說法？

    (A) 以「地氣」流動的觀念來解釋歷史，有違科學精神，此說不足採信

    (B) 「地氣」是當時人對政治形勢變動的一種看法，此說內容值得參考

    (C) 「地氣」是指農業生產的能力，「西北轉東北」是指其變動的方向

    (D) 「開元、天寶間」的變局，安史集團攻擊長安可視為一項重要指標

    (E) 唐以後首都從長安東移開封，再北移北京，可以說明地氣流動之說

40. 一位法國作家回憶其青年時期，其中一節主題是「1942 年在巴黎唸大學」。下列哪些情節最可能出現在這一節敘述裡？

    (A) 德國首相正在巴黎從事友好訪問，兩國政府希望加強學生的交流

    (B) 作家花錢買了一架新的收音機，收聽來自德國的廣播，學習德文

    (C) 一家報紙揭露日前德國首相與史達林簽訂之和平協定的詳細內容

    (D) 作家參加了當時在巴黎凱旋門前舉行的學生大規模反戰示威遊行

    (E) 作家計畫在年初前往非洲，參觀埃及與埃及古文化的金字塔遺址

41. 資料一：　《尚書》〈酒誥〉是周初的告誡文書，指出：殷紂王好酒，因此上帝不再庇佑殷人，以致亡國。

資料二：　考古學者指出陪葬品距屍體越近，越具重要性。殷商
　　　　　各個時期墓葬的陪葬品，青銅食器多置於棺、槨之間，
　　　　　而青銅酒器多置於棺內。請根據上述資料，指出下列
　　　　　何者是較合理的解釋？

(A) 〈酒誥〉之說是周人藉以自省，並不足以證明殷人好酒而亡國

(B) 〈酒誥〉反映春秋時代的天道觀，顯然是後人偽造，故不可信

(C) 考古證據顯示殷人確實好飲酒，證明〈酒誥〉的說法是正確的

(D) 考古證據顯示殷人好飲酒，但無法證明殷人是否因好酒而亡國

(E) 考古證據顯示殷人不好酒，〈酒誥〉只是周人宣示伐殷的合理
　　性

42. 資料一：　歷史學者估計，明初 (1400 年) 中國約有 6500 萬人，
　　　　　　到明末 (1600 年) 人口增加為 1 億 5 千萬人。康熙年間
　　　　　　(1700 年)，人口為 1 億 5 千萬人。

　　資料二：　1550 年時，中國大量栽種玉米、甘藷、馬鈴薯、花生
　　　　　　等多種新作物。針對兩段資料，許多同學有不同的意見，
　　　　　　請問何人的說法較正確？

(A) 玉米等新作物的產量大，取代原有糧食作物的種植空間，才
　　能養活較多人口

(B) 玉米等新作物未取代原有作物，但可生長在較貧瘠的土地，
　　增加糧食的供應

(C) 從明初至明末未發生大規模社會動亂，人口的劇增可能與糧
　　食供應增加有關

(D) 明末至清初糧食生產條件改變不大，人口亦未見增加，應與
　　其間的動亂有關

(E) 因清初人口大量移往台灣及東南亞，所以人口雖有成長，人
　　口總數卻未增加

參、題組題（16%）

說明：第43至50題為題組題，其中包括單一選擇題6題與多重選擇題2題，分別註記於各子題題末，請多加注意。單一選擇題，每題選出一個最適當的選項，每題答對得2分，答錯倒扣2/3分，整題未作答者，不給分亦不扣分。每個多重選擇題都有5個選項，其中至少有一個是正確的，選出正確選項。各選項獨立計分，每答對一個選項，可得0.4分，完全答對得2分，每答錯一個倒扣0.4分；整題未作答者，不給分亦不扣分。若在備答選項以外之區域劃記，一律倒扣0.4分。倒扣到本大題之實得分數為零為止。

第43-45題為題組

資料一： 學者指出：自1530年起，白銀開始流入中國，尤其是通過菲律賓與中國貿易的西班牙美洲帝國。估計16世紀後半至17世紀前半，流入中國的白銀多達23萬噸。自17世紀中期起，因為中國本身與國外的各種因素，白銀流入速度減緩。但自1684年起，海外貿易重新展開，白銀再度流入中國。1810年代中英貿易，中國仍淨流入約37萬公斤白銀，但至1820年代，已逆轉為大量流出。

資料二： 下圖是1700～1800年中英貿易白銀流入中國數量統計圖

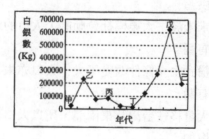

43. 資料一「自 17 世紀中期起，因爲中國本身與國外的各種因素，白銀流入中國的速度減緩。」根據你的歷史知識，所謂「中國本身因素」最可能是指以下哪一項？（單一選擇題）

(A) 貨幣政策改變，改以銅錢爲主要貨幣，造成白銀需求量大減

(B) 社會持續動亂，生產失調，商業萎縮，造成白銀需求的降低

(C) 倭寇爲禍南北沿海，迫使中國停止對外貿易，白銀需求大減

(D) 政府爲因應戰事，提高稅賦，使得銀價下降，白銀流入減少

44. 資料一「自 1684 年起，海外貿易重新展開。」根據你的歷史知識，可能與哪一個事件後的發展最直接相關？（單一選擇題）

(A) 西班牙殖民菲律賓，擴大對華貿易

(B) 康熙平定臺灣，開放對外貿易

(C) 葡萄牙人殖民澳門，開拓東亞貿易

(D) 英國殖民印度，積極拓展貿易

45. 學者指出：18 世紀的中國出現幾次較顯著的物價上漲現象。根據資料二，這幾次物價上漲最可能發生在哪些時段？（多重選擇題）

(A) 甲乙　　　　(B) 乙丙　　　　(C) 丙丁

(D) 丁戊　　　　(E) 戊己

第 46-48 題爲題組

資料一：　學者指出：台灣昔日游民，非釀亂不可爲生。同治以後，有業可執。此後貧不能生者及牟重利者，已不在農村著眼。率趨於都市，以取成倍之利。故百餘年來械鬥之風，至同治以降，一時頓絕。

資料二：　學者統計 1721～1870 年間台灣以原鄉祖籍爲依據、大規模的分類械鬥發生之次數與地區分布如下：

年　　代	次　數	發 生 地 區 與 次 數
1721～1725	2	高雄 1、屏東 1
1726～1750	0	
1751～1775	1	彰化 1
1776～1800	3	彰化 1、淡水 1、宜蘭 1
1801～1825	6	新竹 2、宜蘭 2、淡水 1、彰化 1
1826～1850	9	彰化 2、淡水 6、高雄 1
1851～1865	8	淡水 7、宜蘭 1
1866～1870	0	

46. 資料一作者所謂的「同治以後，有業可執」，根據你的歷史知識
　　判斷可能與哪個事件後的發展最直接相關？（單一選擇題）
　　(A) 五口通商　　　　　　(B) 台灣開山撫番
　　(C) 台灣開港通商　　　　(D) 牡丹社事件

47. 資料二所提的分類械鬥往往導致族群的移動或聚合，在考察「某
　　村莊最早移民來自何處」這項課題時，以下哪一項資料最足以作
　　為判斷的依據？（單一選擇題）
　　(A) 文獻記載該村最早的廟宇
　　(B) 該村居民目前使用的方言
　　(C) 戶籍資料上登記的出生地
　　(D) 墓葬區墓碑上記載的堂號

48. 請根據資料二以及你的歷史知識，指出下列有關資料一的各項討
　　論，哪些較為合理？（多重選擇題）
　　(A) 資料一從經濟的角度出發，可視為解釋械鬥發生與擴大的理
　　　　由之一
　　(B) 資料一指出經濟是械鬥的主因，與商業發展有關，與開發方
　　　　向無關

(C) 械鬥發展的趨勢與漢人開發的方向大致相符，資料一之說應屬可信

(D) 械鬥為族群間的衝突，但多屬於偶發事件，未必能指出具體的趨勢

(E) 械鬥大多發生在開發中的農村地區，資料一所敘述的趨勢大致可信

第 49-50 題為題組

有人說：紡織業是近代工業發展過程中的「火車頭」，請回答以下兩個與紡織業有關的問題：

49. 19 世紀後半，西方國家挾其船堅砲利，強迫中國開放口岸與市場，將其工業產品銷售至中國。但至 20 世紀前半葉，西方棉布始終未能完全取代中國本身生產的土布，其故安在？（單一選擇題）
    (A) 中國土布為家庭副業，人力成本低，具有競爭力
    (B) 中國政府採取關稅保護的手段，排斥西方的棉布
    (C) 中國人提倡愛用國貨，中國土布得以維持競爭力
    (D) 中國新式紡織廠效率高，西方的棉布不具競爭力

50. 自 17 世紀以來，台灣人民穿著的衣料大多從其他地區或國家輸入，本地絕少生產。但自某個時期開始，大部分人民的衣料已由本地工廠生產。請問「某個時期」可能是指何時？（單一選擇題）
    (A) 19 世紀前半　　　　　(B) 19 世紀後半
    (C) 20 世紀前半　　　　　(D) 20 世紀後半

九十二年度指定科目考試歷史科試題詳解

壹、單一選擇題

1. **A**

　【解析】　甲 —— 新石器時代晚期。

　　　　　　乙 —— 舊石器時期。

　　　　　　丙 —— 新石器時代早期。

2. **B**

　【解析】　在唐代由官學選拔的「生徒」，或自學經由州縣推薦的
「鄉貢」，才有資格參加禮部考試，但進士及第只是取
得做官的資格，尚須經「吏部」試以「身、言、書、
判」才能登上仕途。

3. **B**

　【解析】　康熙時期規定單身男子須申請許可證，方可渡台，且
不得攜眷。雍正時始放寬已入台者可接眷屬，故造成
當時台灣男女比例懸殊，羅漢腳特別多。

4. **A**

　【解析】　英國政府為了維持軍隊在美洲殖民地的費用，開始向
殖民地徵稅，北美人民認為經濟剝削和英國違反憲政
傳統中「沒有代表，不納稅」的精神。於 1773 年爆
發波士頓茶葉黨事件，而華盛頓成為美國獨立戰爭的
統帥。

5. **C**

【解析】 (A) 五胡亂華：是由於胡漢雜處，政策失當，無法維持
　　　　　　境內各族和諧所造成的內亂。

　　　　　(B) 安史之亂：軍政大權旁落邊將的亂事。

　　　　　(D) 八國聯軍：守舊勢力仇外，朝廷縱容義和團所招致
　　　　　　的外患。

6. **B**

【解析】 亞歷山大在父王被刺後，迅速平定亂事，再度主宰希臘
　　　　半島，且於西元前326年征服波斯，並取得部份印度土
　　　　地，政治藩籬撤除後，遠距商業便更快速。

7. **D**

【解析】 明代才發展出的「會館」制度。(專門供某地商人居住的
　　　　建築物)

8. **C**

【解析】 1920年代為日本在台殖民之「同化時期」，為求台地財
　　　　政獨立，開始進行資本主義化工作，包括各項財政、工
　　　　商計劃。但在殖民統治下，經濟利益全由日本資本家壟
　　　　斷，在龐大的官僚系統也嚴重排擠台人，故日人在公職、
　　　　工商業之職業結構占較大之百分比。

9. **C**

【解析】 墨子主張國家應「節用」、孟子強調劃定土地經界、商鞅
　　　　主張開闢土地，三者立論互異，但同樣是以精耕細作的
　　　　小農經濟做考量，使農民不虞匱乏。

10. **A**

　　【解析】　社會上各種階層都積極參與的政治運動不可能是自由主
　　　　　　　義（王公貴族等反對）、社會主義（地主、工廠主等反
　　　　　　　對）、法西斯主義（反對同性戀、殘障人士等）

11. **A**

　　【解析】　殖民母國往往是搾取殖民地的資源，而需將貨物運回本
　　　　　　　國，今日之港埠型都市即為顯例，故交通設施是最先開
　　　　　　　始的一項建設。

12. **C**

　　【解析】　因為書院之名始見於唐憲宗時的「石鼓書院」，但當時書
　　　　　　　院只是藏書之處，到五代宋朝後書院始授課教書。

13. **A**

　　【解析】　聯合國於 1945 年成立後第一次安理會通過動武案（軍事
　　　　　　　聯合行動）對付侵略國的是韓戰（1951～1953）；第二次
　　　　　　　是波灣戰爭（1990～1991）。

14. **D**

　　【解析】　「嫡子－庶子－非婚生子」依序逐漸擁有財產繼承權，
　　　　　　　只指「嫡子、庶子、非婚生子」這些兒子間的關係趨於
　　　　　　　平等，而不是「整個家庭成員關係趨於平等」，家庭成員
　　　　　　　不僅是子嗣，也包括父親、妻子、姐妹等；在題幹裡，
　　　　　　　財產權繼承權範圍的擴大，全部圍繞在父親與「嫡妻－
　　　　　　　妾－非婚姻對象」的變化上，所反映的歷史趨勢是：父
　　　　　　　親權力的日漸上昇鞏固。

15. **D**

【解析】　明代結束後，大部份學者覺悟到「陸王心學」空談心性，束書不觀，清初王學未歇，程朱之學漸興時期，理學家有「尊德性」（陸王心學）與「道問學」（程朱之學）之爭；加上清廷興文字獄，許多世人只好迴避現實，走向考據學。

16. **A**

【解析】　這是「三角貿易」的現象，歐洲人先輸出鹽、酒、火器、布匹、五金等工業製品到非洲，把非洲奴隸運到美洲，再把美洲糖、煙草、稻米等熱帶作物輸入歐洲。

17. **B**

【解析】　戰國初期傳統社會組織解體，魏國經李悝改革後，國富兵強，(A) (D) 兩答案不正確；農民當生產失調、生計無著，成為盜賊，歷代改革者莫不重視，李悝未誇大盜賊問題的嚴重性

18. **C**

【解析】　十六、十七世紀科學革命時代，天文學進步甚大，有不少儀器發明，望遠鏡是在十七世紀發明的，所以這是十七世紀的事

19. **B**

【解析】　第一次世界大戰結束後，人類為追求和平，在 1920 年在瑞士日內瓦成立國際聯盟（The Leauge of Nations），其規章即在減少軍備競賽，避免國際衝突或戰爭。

20. **D**

【解析】 (A) 莊園。

(B) 修院。

(C) 修院。

(D) 城鎮興起時，城市居民多以工商業維生，各行都有行會，訂立各種規章，對於營業時間，甚至貨物品質都加以規定，以保障成員的生計。

21. **B**

【解析】 自唐高宗起，作為府兵經濟基礎的均田制日趨破壞，土地被兼併而淪為佃戶的府兵已無法負擔，個人軍備，加上番上宿衛不依期更代，宿衛府兵多被役使，地位漸低，於是府兵之家紛紛逃亡。玄宗開元年間，又得另招十二萬「彍騎」，但天寶年間，彍騎漸廢，藩鎮所領募兵日強，安史亂後，便形成藩鎮割據之局。

22. **D**

【解析】 中國對宗教採取寬容政策，允許多種宗教在中國流傳，不像阿拉伯、猶太人等地區，故基督教徒等最可能在中國自由傳道。

23. **B**

【解析】 漢武帝時，董仲舒提倡「天人感應」的災異學及讖緯迷信。東漢末年政治黑暗、社會動盪、瘟疫流行，人民生活困苦，便使太平道（道教源流），災異說為信徒所接受，故此觀點應與天人感應說相合。

24. **B**

【解析】(A) 電視於 1926 年發明。

(B) 收音機於 1920 年代已出現。

(C) 最早出現於 17 世紀初。

(D) 19 世紀末發明。

25. **A**

【解析】地理大發現後，歐洲各國分派船隊至美洲探險，掀起歐人海外殖民浪潮。拉丁美洲人口組成包括原住民印地安人，自非洲引進的黑奴，西葡為主的白人（殖民者）以及白人和印地安人的混血種 — 麥士蒂索人。

26. **D**

【解析】(A) 羅馬在文學和藝術方面多半承襲希臘，而哲學則受希臘化時代思想所支配。

(B) 羅馬因具有：

① 優越的地理條件。

② 健全的政府組織。

③ 訓練嚴格的軍隊，所以在布匿克戰爭（西元前 264～146 年）順利地滅亡了迦太基。

(C) 君士坦丁於西元 313 年宣佈停止迫害基督教，並頒布〈米蘭詔書〉接受基督教為合法宗教。380 年，狄奧多西正式定基督教為國教。

27. **B**

【解析】南北朝、隋唐時期佛教特別興盛，寺院擁有龐大的地產和大量的身分依附者

28. **C**

【解析】　1937年七七盧溝橋事變後，日本對中國等提出「東亞共榮圈」等口號，要中日兩國應當互相尊重，確保東亞地區和平。

29. **C**

【解析】　由「帶回亞洲黑鼠，使全城五分之四的人在一年中相繼死亡」可看出是在講14世紀中期流行於歐洲的黑死病而使人口銳減。

30. **A**

【解析】　利瑪竇來華傳教之時，允許中國信徒可以祀天、祭孔、拜祖，但18世紀初，羅馬教皇明令禁止「利瑪竇規矩」，違者破門開除。此舉引起康熙的盛怒，認為教皇干涉中國內務，且威脅中國傳統－皇權至上的原則而招致皇帝不滿。

31. **D**

【解析】　德意志帝國幅員比俄國小，(A) 錯；英法船艦總噸數在一次大戰前超過德國，(B) 錯；1875－1914年間歐洲人口約有兩千六百萬人移民海外，其中一半以上前往美國，德、俄不可能移出最多，(C) 錯。

32. **B**

【解析】　這是義和團事變背景前後的事，正好是1900年，中德簽訂膠州灣租借條約幾年之後。

33. **D**

【解析】 文藝復興時代的主要精神是欲擺脫中古基督教神本思想，回歸到古希臘哲學家的人文主義，具有濃厚的世俗精神。

34. **C**

【解析】 周代封建以來，宗法制度鞏固，特徵在於區別嫡庶。曹魏時期，曹丕採陳群的建議，創制「九品官人法」，中正官必須依譜牒家世、德行才能作為政府仕宦的準則。隋唐以降的君主均有意摧毀世族，唐太宗指示大臣，依當時官品高低重訂等級，刊定〈氏族志〉，直到黃巢之亂，士族家園遭破壞，譜牒也亡佚，士族地位正式式微。

35. **A**

【解析】 日本殖民末期已在台灣進行「半工業半農業化」的建設，但工業仍由日本資本家把持，直到光復後（1945）經過多項經濟計劃，台灣工業人口增加。

36. **C**

【解析】 法屬亞洲出現於 1898 年，甲午戰爭後的瓜分之禍。而馬來半島在二次大戰後（1945）才獨立，故選 (C)。

37. **D**

【解析】 羅馬公教（天主教）在奧地利及土耳其境內不可能只佔總人口的 6%；東正教在捷克及俄羅斯不可能只佔人口的 3%；伊斯蘭（回）教在波蘭不可能佔人口的 10%。

38. **C**

【解析】 對人物的評論是史學一大特色，但歷史現象紛紜複雜，人物作為因素繁多，這些是非褒貶便不免摻雜了主觀的評斷，所以史學家的說法只能做為參考，不能成為定論。

貳、多重選擇題

39. **BDE**

【解析】 「地氣」是很多人對政治形勢變動的一種看法，有道聽塗說可能，但此說內容值得參考，中國歷史發展方向如歷代建都、外患等都自西北轉東北。

40. **BE**

【解析】 (A) 1941年二次大戰歐戰爆發，聯軍在西歐戰場全面潰敗，有敦克爾克大撤退，巴黎為德軍佔領，至1941年底，巴黎已無法國政府存在，在這種情勢下，「1942年德國總理(或首相)到巴黎作友好訪問，兩國政府希望加強學生的交流」是不正確的。
(C) 1939年德俄已簽訂和平協定。
(D) 德國的高壓手段下不可能有大規模的反戰示威遊行。

41. **AD**

【解析】 西周初年已產生「天命靡常」之觀念，周人藉殷之亡而有了憂患意識。〈資料二〉中顯示出商人好酒，頂多反映出商代農業發達。〈酒誥〉是指示周人的告誡之書，但不代表商代是因酒而亡國。

42. **BCD**

【解析】 (A) 明代甘藷、玉米、馬鈴薯、煙草傳入，由於可生長在較貧瘠的土壤，並未取代原有糧食之種植空間，更能增加食物供應，加上到明末 (1600 年)沒有發生大規模動亂，所以所能養活更多人口，人口因而劇增；(E) 清初行海禁政策，人口不可能大量移往台灣。

參、題組題

43. **B**

【解析】 17 世紀中期為清朝初期。因為滿清入關後，鄭成功父子以台灣作為反清復明的基地，局勢動亂不安，所以清廷採取嚴厲的海禁政策，沿海交通呈現封閉現象，對外貿易也處於停擺狀態。

44. **B**

【解析】 康熙 22 年（1648）平定台灣，隔年收入版圖後，正式解除海禁，在廣州、漳州、寧波、雲台山設立海關，開放中外貿易。

45. **AD**

【解析】 貨幣供應多，容易引發通貨膨脹，物價便會跟著上漲。

46. **C**

【解析】 19 世紀中，列強趁著英法聯軍，清廷戰敗，於天津條約中，將安平、打狗（高雄）、滬尾（淡水）、雞籠（基隆）列為通商口岸，開港通商後，台灣對外貿易迅速擴張，茶、樟腦、蔗糖的大量輸出，不僅創造就業機會，也使得可栽種茶樹或砍伐樟樹的市鎮乘時勃興。

47. **A**

【解析】 早期漢人移民，多是同鄉結伴入台，同一祖籍者，除方言、習俗親近外，更透過奉祀共同的原鄉神明，形成大小不一的「祭祀團」，如：客家人信奉「三山國王」，漳州人信仰「開漳聖王」等。

48. **ACE**

【解析】 資料二可看出械鬥方向係由南向北、由西向東，此與漢人在台開發先後順序相符。墾台移民也會為了爭地、爭水發生衝突，開發中的農地尤其容易發生，故械鬥的趨勢大都有跡可循。

49. **A**

【解析】 (B) 鴉片戰後中國被迫關稅協定，不可能採取關稅保護的手段
(C) 近代中國人在八國聯軍後崇洋心理盛，不容易大力提倡愛用國貨
(D) 中國新式紡織廠效率不會比外國高

50. **D**

【解析】 政府遷台後，經濟發展快速，紡織業等特別興盛，衣服衣料產品還大量外銷。

九十二學年度指定科目考試（歷史）

大考中心公佈答案

題號	答案	題號	答案	題號	答案
1	A	21	B	41	AD
2	B	22	D	42	BCD
3	B	23	B	43	B
4	A	24	B	44	B
5	C	25	A	45	AD
6	B	26	D	46	C
7	D	27	B	47	A
8	C	28	C	48	ACE
9	C	29	C	49	A
10	A	30	A	50	D
11	A	31	D		
12	C	32	B		
13	A	33	D		
14	D	34	C		
15	D	35	A		
16	A	36	C		
17	B	37	D		
18	C	38	C		
19	B	39	BDE		
20	D	40	BE		

九十二學年度指定科目考試

各科成績標準一覽表

科　目	高　標	均　標	低　標
國　文	63	50	38
英　文	60	39	18
數學甲	60	43	25
數學乙	52	34	17
化　學	48	32	16
物　理	50	31	12
生　物	63	46	29
歷　史	51	36	22
地　理	73	57	41

※ 以上三項標準係依各該科全體到考考生成績計算，且均取整數〔小數只捨不入〕，各標準計算方式如下：

高標：該科前百分之五十考生成績之平均。

均標：該科全體考生成績之平均。

低標：該科後百分之五十考生成績之平均。

九十一年大學入學指定科目考試試題
歷史考科

壹、單一選擇題（72％）

說明：第 1 至 36 題為單一選擇題，每題選出一個最適當的選項，標示
　　　在答案卡之「選擇題答案區」。每題答對得 2 分，答錯倒扣 2/3
　　　分，未答者，不給分亦不扣分。

1. 某位學者描述中國史上的一種制度是：「雖無相名，實有相職。旣
　有相職，卻無相權。旣無相權，卻有相責。」他指的制度應該是下
　列何者？
　(A) 漢代的內外朝官制　　　　　(B) 唐代的三省制
　(C) 明代的內閣制　　　　　　　(D) 清代的八旗制度

2. 一位年輕旅行者敘述自己的生活經驗：「小時候，每天走過一個廣
　場上學，可以看到馬克斯與列寧的銅像，後來銅像拆了，國歌換了
　，就連使用的錢也改了。原本哪裡都不可以去，現在可以在世界各
　地旅行。倒是最近又換了一種錢，還不太適應。」根據你的歷史知
　識，這位年輕旅行者最可能來自哪裡？
　(A) 東德　　　　(B) 古巴　　　　(C) 北韓　　　　(D) 越南

3. 學校舉辦一次文藝活動，邀請一些專家學者來校演講。講題包括
　了：「歌德（Johann Wolfgang von Goethe）的詩歌創作」、「拜倫（Lord
　Byron）與希臘獨立運動」、「雨果（Victor Hugo）的小說藝術」等。
　配合這項活動，學校還安排了一個音樂會，由鋼琴家表演一場「蕭
　邦（Frederic Chopin）之夜」。這次文化活動的主題，應如何訂定最
　適當？
　(A) 啓蒙運動的學術　　　　　　(B) 巴洛克的文化風格
　(C) 浪漫主義的文藝　　　　　　(D) 後現代主義的藝術

4. 一位著名的繪畫史學者在其著作中寫道：「若論佛道人物仕女牛馬，則近不及古；若論山水林石花鳥禽魚，則古不及近。」他所說的「古」與「近」，應指何時？
(A) 晉、唐
(B) 唐、宋
(C) 宋、元
(D) 元、明

5. 有言：「舉秀才不知書，察孝廉父別居。寒素清白濁如泥，高第良將怯如雞。」對於這句話，我們應有何理解？
(A) 東漢察舉制度的流弊，推舉出來的文人及武將多不適任
(B) 唐代科舉制度的弊端，考上秀才的寒門子弟才識多平庸
(C) 宋代科舉取士的結果，導致重文輕武，武將怯於外侮
(D) 明代八股取士的遺毒，造成文人品性不端，武人不能打仗

6. 某論文引用如下的一段史料：「江南上層士大夫之才幹者被拔擢爲令僕以下，尚書郎、中書舍人以上之高級官員。而其餘尚文學之士人，大多荒誕浮華，不涉世務，自以爲清高。至於台閣令史、主書等官員，皆熟習政務，辦事能力強。這些人即使在當時被認爲是小人，仍多被委任政務，因爲他們的確有辦事的才能。」請問此論文的題目應爲何？
(A) 西漢的幾個政治集團
(B) 南朝寒人的興起
(C) 北宋文人與黨爭
(D) 東林黨禍考

7. 16 世紀左右，歐洲「紳士」（gentry）階層大多住在鄉間宅第，喜愛田獵，坐享田租。他們擁有政治、法律的特權，並成爲社會的領導階層。請問：這些「紳士」如何取得其身份？
(A) 擁有土地，身份世襲
(B) 應徵從軍，建有軍功
(C) 經營工商，累積財富
(D) 通過科考，獲得功名

8. 某次國際會議中，地主國耗費鉅款籌備。會議進行時，冠蓋雲集，
   許多國君親自參與。除了外交的縱橫捭闔外，還有五光十色的社交
   生活。但是此次大會沒有認真的外交活動，沒有正式議程，一切皆
   由大國包辦，全體代表大會也只有在最後簽訂條款時才舉行一次。
   這裡描述的應是那一個國際會議？
   (A) 1648 年的西發里亞和會　　(B) 1815 年的維也納會議
   (C) 1919 年的巴黎和會　　　　(D) 1955 年的舊金山和會

9. 在 16 世紀中期，一位葡萄牙作者將其在廣州所見所聞記錄下來，
   出版了《中國見聞錄》，其中有一段記載說：「皇帝在省城裡成立了
   一所學校，由政府負擔經費，負責審核的官員命令所有成績優異的
   學生集合到省城，詳細詢問每一位學生有關法律等的相關問題。」
   請問：這段文字最可能是作者對下列哪一種制度的描述？
   (A) 科舉考試　　　　　　　　(B) 官僚體系
   (C) 社會組織　　　　　　　　(D) 律令刑獄

10. 一封外交文書中有下列的內容：「與我國為敵者，明朝、蒙古、貴
    國三國也，去歲秋，蒙古歸服，明朝沿邊三衛，盡來賓服，王若欲
    助明而輕我，我將往征貴國。」這樣的文書，最可能是在何種外交
    活動中產生的？
    (A) 日本人要求朝鮮投降
    (B) 滿州人要求朝鮮國王保持和平
    (C) 朝鮮國王要求滿州人保持和平
    (D) 朝鮮要求日本人保持中立

11. 一部電影的情節中，描繪許多猶太人、共黨份子及同性戀者被送到
    納粹集中營去。這三種受迫害的人群有哪些共同之處？

(A) 他們都因為不事生產，被納粹政權視為社會的寄生蟲，故遭
　　迫害
(B) 他們都因為違反了納粹種族純粹的理想，所以遭到納粹的
　　「清掃」
(C) 納粹政權認為這些人都違反基督教義或不信上帝，所以要排除
(D) 這些人都是罪犯，在許多地方都受審判，納粹政權態度與各國
　　相同

12. 社會階層是指社會上分成不同地位高下的階層，如貴族、奴隸等；
社會流動是指不同階層出身者可以因為後天因素而轉換成另一個
階層，如平民可以因為努力而變成官員。社會流動變大的意思是不
同階層出身的人轉換成另一個階層的可能性變大。若用這二個概念
分析春秋、戰國的歷史變動，何者為是？

(A) 社會階層的分級變少，社會流動則變大
(B) 社會階層的分級變多，社會流動也變大
(C) 社會階層的分級變少，社會流動也變小
(D) 社會階層的分級變多，社會流動則變小

13. 老師介紹右邊這幅古意盎然的書法藝術，
內容以詞的形式，描述作者的心情，並要
同學討論其可能的時代。請問：何人的說
法較為正確？
(A) 這是甲骨文，但商代以後不用，這應當是商代的作品
(B) 這是漢代的隸書，商代也沒有紙張，這應當是漢代的作品
(C) 這是漢代的隸書，但漢代沒有發展出詞的文學形式，這應當是
　　宋代的作品
(D) 這是甲骨文，但宋代對甲骨文並沒有認識，這應當是民國初年
　　的作品

14. 老師在上課時指出：「1953 年時台灣地區電力總產能是 1931 年的 3
　　倍，產量也增加一倍」，並要同學討論其原因。請問，下列哪一位
　　同學的說法最為合理？
　　(A) 當時日本總督府因為要發展鐵路電氣化，所以需要大量用電
　　(B) 這與普遍裝設電燈有關，因為台灣鐵路電氣化在 1970 年代才
　　　　開始
　　(C) 電燈耗電量小，日本要發展煉鋁及軍火工業，才需要發展電力
　　(D) 為了因應世界經濟不景氣，所以日本推動電力工程，增加就業
　　　　機會

15. 有人評論英國的發展：「英國種族的擴張對全世界都是有利的，但
　　是，如果英國的下層階級迅速擴張，超過道德和素質都較優越的上
　　層階級，那麼，不僅英格蘭本土的人口素質會遭破壞，而且美國與
　　澳洲的英國後裔也不會像現在如此聰明。」根據你的歷史知識，這
　　種說法是受到哪一種學說的影響？
　　(A) 種族主義　　　　　　　(B) 帝國主義
　　(C) 民族主義　　　　　　　(D) 社會達爾文主義

16. 一本旅遊雜誌介紹某地時，提到：「這裡是幾個宗教的交會點，遊
　　客可以看到佛教、道教的寺廟，也可以看到回教清真寺及印度教的
　　廟宇，回教信徒佔總人口的 50%，華人則佔 35%，街上更可以看
　　到各種文字的招牌。」根據你的歷史知識，這是指哪一個地方？
　　(A) 泰國　　　(B) 新加坡　　　(C) 馬來西亞　　　(D) 巴基斯坦

17. 幾位同學翻閱一本德國出版的書時，看到下邊這一張地圖，由於不
　　懂外文，有不同的猜測，請問哪一位同學的說法最為合理？
　　(A) 是 16 世紀的航海圖，陰影部分表示基督教的傳教地區
　　(B) 是 17 世紀華人移民海外圖，陰影部分表示華人聚居地

(C) 是 18 世紀奴隸來源圖，陰影部分表示奴隸被掠捕之處

(D) 是 19 世紀法國海外殖民圖，陰影部分表示法國殖民地

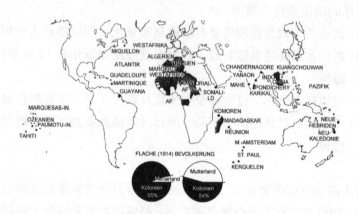

18. 西元前 1000 年至西元前 600 年左右，中國、印度、希臘及猶太四大文明在哲學上有重大的發展，其影響至今不變。這些影響可分為：甲、參悟生死問題；乙、確認神人關係；丙、探索人的理性；丁、安排人倫秩序。請問上述四大文明的影響分別為何？

(A) 中國：甲　印度：乙　希臘：丁　猶太：丙

(B) 中國：丁　印度：甲　希臘：丙　猶太：乙

(C) 中國：丙　印度：丁　希臘：甲　猶太：乙

(D) 中國：乙　印度：丙　希臘：丁　猶太：甲

19. 右邊兩圖是 1820–1840 年間，中國海關一項進口物品的統計圖。根據你的歷史知識，該項物品指的是什麼？

(A) 樟腦　　　(B) 鴉片

(C) 蔗糖　　　(D) 茶葉

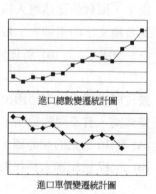

20. 下表是有關美國與蘇聯的一項統計資料，請你根據你的歷史知識，判斷哪一種說法最可能？

國家＼時間	1950	1960	1989
美　國	350	18700	22500
蘇　聯	5	1700	32000

(A) 是美國與蘇聯核子彈頭的總數，單位是「顆」

(B) 是美國與蘇聯的鋼鐵產量，單位是百萬公噸

(C) 是美國與蘇聯的汽車總數，單位是萬輛

(D) 是美國與蘇聯的石油總產量，單位是萬桶

21. 一批學生到博物館看畫展，導覽對他們解說道：「這個畫派的畫家，想透過解構物體以瞭解其『真象』；他們摒棄了傳統的光影、透視和平面表現等技巧，將描繪對象拆開來分析，然後以幾何圖形表現其每一角度與細節。他們甚至另闢蹊徑，僅以幾何圖形來構築意象。」這一批學生在參觀什麼畫展？

(A) 文藝復興時代的繪畫　　(B) 巴洛克時代的繪畫

(C) 十九世紀印象派繪畫　　(D) 二十世紀立體派繪畫

22. 一位西方學者在所著《城市的性質》中討論西方城市起源時說：「起初城市即是村莊，但不久就開始在工業、政治、建築各方面顯露出城市的特徵。城市必須設防自衛，須有市政廳作為市民行使政治權力的集會場所。城裡還必須有教堂作為禮拜的場所，既在精神上，也在建築上聳峙於全城之上。」他說的「城市」屬於何時？這樣的敘述是否適用於說明中國城市的起源？

(A) 屬於上古時代，只要將「教堂作為禮拜的場所」改為「宗廟作為祭祀的場所」，亦能適用於中國

(B) 屬於上古時代，對中國城市言，幾乎完全不適用

(C) 應為中世紀時，若將「教堂」改為「佛寺或道觀」，亦能用於中國

(D) 應為中世紀時，對中國城市言，幾乎完全不適用

23. 清同治十三年（1874 年），輪船招商局成立；宣統三年（1911 年），津浦鐵路通車。從歷史上看，這兩件事反映了什麼共同的時代意義？

(A) 南船北馬運輸時代的結束　　(B) 大運河運輸歷史的結束
(C) 中國現代化運動的開始　　　(D) 旅遊觀光現代化的開始

24. 一本中國史學名著的自序中提及該書的章節內容：「夫道理之先在乎行教化，教化之本在乎足衣食。……是以食貨為之首，選舉次之，職官又次之，禮又次之，……或覽之者庶知篇第之旨也。」請問這本書為何？

(A) 《史記》　　　　　　　　　(B) 《史通》
(C) 《通典》　　　　　　　　　(D) 《資治通鑑》

25. 公元 1936 年，德國與日本簽定共同防共協定，以蘇聯為共同敵人，但 1938 年，希特勒又與史達林簽訂了德蘇互不侵犯條約，保持和平。為什麼希特勒會在短期間內有這樣的改變？

(A) 因為希特勒在 1937 年以後，決定與蘇聯合作，共同出兵瓜分波蘭，才改變主意

(B) 希特勒領導的納粹政黨在國會改選中失利，喪失國會的主導權，才被迫服從多數

(C) 1937 年，中日戰爭爆發，日本未進攻西伯利亞，德國不願腹背受敵，故安撫蘇聯

(D) 希特勒開始主張種族優越論，並且相信俄國人要比日本人優秀，所以改變原來想法

26. 四位學生討論到穿衣服的問題

　　甲生說：「穿衣服應合乎大自然四季的變化來穿衣，天氣冷多穿一
　　　　　　點，天氣熱少穿一點。」

　　乙生說：「穿衣服要看你的身份與地位，什麼身份及何種地位，該
　　　　　　穿什麼樣的衣服就穿什麼樣的衣服。」

　　丙生說：「講究衣服的穿著是一種浪費，穿得簡單，甚至破爛的衣
　　　　　　服也未嘗不好。」

　　丁生說：「何必麻煩，由上面規定，大家都穿一樣的制服不就好了
　　　　　　嗎？」

　　老師說：「你們四個人的說法，剛好可以代表儒家、墨家、法家及
　　　　　　道家的思想」請問下列那一項與四種思想吻合？

　　(A) 甲－儒，乙－墨，丙－法，丁－道

　　(B) 甲－道，乙－墨，丙－法，丁－儒

　　(C) 甲－儒，乙－法，丙－墨，丁－道

　　(D) 甲－道，乙－儒，丙－墨，丁－法

27. 有位學者說：「整個世界經濟秩序在當時（15 至 19 世紀中期）名
　　副其實是以中國為中心。因為以中國為中心的國際秩序……實際上
　　構成了一多邊的納貢貿易網。同時中國還從這個貿易網以外獲得大
　　量的商品」。請問這位學者所說的商品指的是：

　　(A) 白銀　　　　　　　　(B) 黃金

　　(C) 銅錢　　　　　　　　(D) 紙幣

28. 中國共產黨在其革命階段，以「土地改革」為號召。但其政權成立
　　後，土地政策卻有很大的變化，以下關於中共政權成立之後的農業
　　土地政策何者的敘述為是？

　　(A) 先實施「人民公社」型的集體農場制，其後改行小農體制，鄧
　　　小平改革後又回到集體農場制

(B) 先實施小農體制，「人民公社」實施後改爲集體農場制，鄧小平改革後重回小農體制

(C) 先承認大地主，「人民公社」實施後改爲集體農場制，鄧小平改革後則發展小農體制

(D) 先實施集體農場制，實行「人民公社」制時改行大土地所有制，鄧小平改革後回復集體農場制

29. 清末自強運動時，恭親王有一段話，頗能反映其主張與做法，茲錄於下：「中國所當學者，固不止輪船、槍砲，即以輪船槍砲而論，雇買以應其用，計雖便而法終在人……。一則權宜之計，一則久遠之謀。」請問：恭親王的「法」及「久遠之謀」各指何而言？

(A) 法指輪船、槍砲，久遠之謀指建立造船廠與兵工廠

(B) 法指典章、規則，久遠之謀指建立國會，實施憲政

(C) 法指國際公法，久遠之謀指設立總理事務衙門，推展外交

(D) 法指知識、學問，久遠之謀指設立學校，學習西學

30. 回族指居住在中國的回教徒所形成的族群，他們出現於唐代，其後人數漸增，居住地區相當分散。但是，回教經典《古蘭經》卻直到1930 年代方才有漢文全譯本，可見回教的宣教方式與佛教很不一樣。造成《古蘭經》全譯本很晚出現的主要原因應是什麼？

(A) 回族中掌理宗教事務的「阿訇（教士）」都是外國人，不懂漢文，漢人又不懂阿拉伯文

(B) 回族對中國傳統文化以及漢文典籍始終保持距離，不願接近，基本上不學習漢人經典

(C) 回族之中欠缺玄奘、法顯之類的宗教學者，無法將深奧的經典譯成漢文，供平民閱讀

(D) 回教一直側重誦讀，忽略對經文含義的理解，並且認爲《古蘭經》是聖物不宜翻譯

31. 有一座海港城市，1774 年的文獻中記載：「煙火數千家，帆墻鱗集，牙儈居奇，竟成通津矣。」1831 年編的地方志則記曰：「街衢縱橫，皆有大街，長三里許，泉廈郊商居多。舟車輻湊，百貨充盈。」到了二十世紀初年，這座城市已告衰落，盛況不再。這是指下列哪一個城市？
    (A) 福州
    (B) 泉州
    (C) 鹿港
    (D) 艋舺

32. 上課討論 19 世紀後半期西歐的社會結構時，老師請同學舉出「當時社會結構重大改變」的指標，幾位同學分別說出自己的看法，請問誰的說法最適當？
    (A) 許多國家的政府改善教育設施，並成立各種研究機構
    (B) 各國政府開始闢建運河，開港灣，建公路，改善交通運輸
    (C) 以社會正義或社會福利為訴求的政黨得票率明顯增加
    (D) 各國政府都要成立專門的部門，解決有關宗教及信仰爭端

33. 一位政治人物接受報社訪問時表示：「日本與中國皆遠處亞洲，參戰程度遠非英法之比，則發言權之差異自所不免，青島問題當屬議題之一。列國因戰爭影響，中止在東亞活動，今戰事既終，則戰後活動必倍於昔日，東亞安全，責在貴我兩國。」請問：這項戰事是指哪一場戰爭？
    (A) 中日甲午戰爭
    (B) 日俄戰爭
    (C) 第一次世界大戰
    (D) 八年抗戰

34. 殷墟遺址中出土了一些象、貘、水牛等遺骨；甲骨文中有不少如「今月其雨，獲象」之類關於象的記載；呂氏春秋有「商人服象」的話，說明商人能夠馴服象。此外，考古學者也在龍山文化遺址中發現碳化的竹竿。這些資料最能說明什麼？

(A) 公元前三千年至一千年的華北氣候較今日暖和

(B) 象在商人生活中占有重要地位，是食物來源，也是交通工具

(C) 商代以象作為圖騰，說明商人起源於南方

(D) 古代中原地區物產豐富，動植物品類繁多，且延續至今

35. 一位十八世紀的歷史家，在一部名著中探討西羅馬帝國衰亡的原因，指出：西羅馬帝國的衰亡，乃是「野蠻與宗教的勝利」的結果。這位史家所說的「野蠻」與「宗教」，指的是：

(A) 北蠻人的南侵與異端的猖獗

(B) 土耳其的攻擊與回教的擴張

(C) 俄羅斯人的興起與東正教的傳播

(D) 日耳曼民族的入侵與基督教的興起

36. 近代工業革命的主要動力之一是技術的創新。在十八世紀的工業革命中，英國工業的技術創新如何產生？

(A) 科學革命發現新理論，工業家將這些理論直接應用於生產，帶來技術的創新

(B) 時值啟蒙運動，哲士熱衷於傳播科學知識，廠商將這些知識轉變成生產技術

(C) 此時的技術創新大都是技術工人為因應現實需要，改良原有機械裝置的結果

(D) 在殖民地戰爭中，英國擊敗法國，控制了印度，從印度引進先進的紡織技術

貳、多重選擇題（8％）

說明：第37至40題，每題各有5個選項，其中至少有一個是正確的，選出正確選項，標示在答案卡之「選擇題答案區」。各選項獨立計分，每答對一個選項，可得0.4分，完全答對得2分，每答錯一個倒扣0.4分；未答者，不給分亦不扣分。若在備答選項以外之區域劃記，一律倒扣0.4分。

37. 「資本主義」的基本定義是：「一種以私有生產爲基礎，由資本家
　　主導，從事生產、分配及交換的制度，並從中獲取利潤。」根據這
　　樣的定義，下列何者與資本主義密切相關？
　　(A) 美日等國大眾傳播中的電視媒體並不收費，以廣告爲重要收
　　　　入來源
　　(B) 英國及愛爾蘭政府向人民收取費用，成立公共電視台，製播
　　　　節目
　　(C) 法國手機通信業者利用各種促銷方式，爭取顧客，擴大市場
　　(D) 台灣實施九年國民義務教育，適齡兒童在學率已經高達 99％
　　(E) 德國實施全民健康保險制度，所有人民均納入醫療保險體系

38. 請先閱讀下列資料，然後回答問題：
　　資料一，見於北宋的筆記小說：「至說三國事，聞劉玄德敗，顰蹙，
　　　　　　　有出涕者；聞曹操敗，即喜，唱快。」
　　資料二，見於南宋的詩集：「兒女相攜看市優，縱談楚漢割鴻溝。
　　　　　　　山河不暇爲渠惜，聽到虞姬直是愁。」
　　請問：這兩條資料可以說明怎樣的情況？
　　(A) 宋代士人重視歷史，史學很盛，資料描述了宋代書院中學生學
　　　　習歷史的情形
　　(B) 北宋理學興盛，理學家對歷史人物的褒貶，成爲人們歷史知識
　　　　的主要來源
　　(C) 宋代庶民生活之中，說書受到人們喜愛，而講史又是說書中的
　　　　重要部分
　　(D) 宋人喜歡三國歷史，對於三國人物的看法，並不以成敗論英雄
　　(E) 宋聽說書時，對劉邦與項羽爭天下的相關故事也十分有興趣

39. 請先閱讀下列兩段資料，然後回答問題：
　　資料一：「時疫從一個城蔓延到另一個城，整個海岸地區遭受突然
　　　　　　　來臨的死亡襲擊，很少人能夠在床上躺過三天，城鎮的全
　　　　　　　部人力幾乎消耗殆盡。」

資料二：「國王宣佈：收割工人不得超收工資，否則依法懲罰。可是，工人們卻不顧國王命令，如有人要雇人收割，就得依他們所開的價錢。雇主只能在喪失穀物和滿足工人的貪心之間選擇其一。」

我們應該如何解讀這兩段資料？

(A) 就內容判斷，兩段資料反映的應是十四世紀中期歐洲的狀況

(B) 資料一中所述的「時疫」，指的就是「黑死病」

(C) 政府限制工資調漲，希望因此平穩糧價，為貧民著想

(D) 工人們之敢逕自提高工資，可用經濟學的「供需率」來解釋

(E) 黑死病所造成的人口衝擊，對封建制度的瓦解有所影響

40. 請閱讀下列三段資料，然後選出正確的選項：

資料一：「清之休寧（指戴震），可比明之姚江（指王守仁），姚江出而舉天下皆姚江學，即有他派，附庸而已。休寧亦然，乾嘉間，休寧以外之學術，皆附庸也。」

資料二：「三百年的學術也不過是文字的學術，三百年的學術也只不過故紙堆的火焰而已。」

資料三：「乾嘉學派以研究儒家經典為中心，廣泛整理古代文化典籍，在古文字學、史學、地理學、目錄學、校勘學等領域形成了一種獨特的學風，開創了中國學術史上的一個時代。」

(A) 這三段資料都與清代乾嘉學派有關

(B) 資料一、資料三與乾嘉學術有關，資料二與之無關

(C) 這三段資料都是研究清代乾嘉學術的原始史料

(D) 資料二批評的重點是認為乾嘉學術無益於國計民生

(E) 資料二與資料三從不同的角度討論乾嘉學派，所以有不同的結論

參、非選擇題（20％）

說明：請將答案寫在「答案卷」上，不用抄題，但須註明題號（1,2,3,4
　　　以及子題號 (A) , (B) … ）。

1. 請閱讀下列兩段資料，然後回答問題：

　　資料一：「他對英國既愛又恨，一直計畫與之競爭。從繼位開始，
　　　　　　就策劃成立一支能與英國抗衡的海軍艦隊，他也要仿效英
　　　　　　國，擴張海外殖民地。」

　　資料二：「當亞洲地區發生衝突，他積極介入，並趁機聯合其他國
　　　　　　家，干涉日本的軍事行動，更以此為要脅，取得在亞洲的
　　　　　　殖民地。」

　　請問：

　　(A) 資料一中的他是哪一個國家的君主？（2分）

　　(B) 資料二中的衝突，是指哪一個事件？（2分）

2. 請閱讀下列兩段資料，然後回答問題：

　　資料一：「航海法公佈後，除本國船隻或生產國的船隻外，其他船
　　　　　　隻不准運送貨物進港，如果一條荷蘭船隻要將羊毛運到紐
　　　　　　約，不准卸貨，要從牙買加運糖到倫敦，也不可以。」

　　資料二：「本法適用於國內及所有殖民地，包括美洲在內。造成了
　　　　　　日後殖民地人民極大的反抗。」請問：

　　(C) 公佈這個航海法的是哪一個國家？（2分）

　　(D) 殖民地人民極大的反抗是指哪一個事件？（2分）

3. 1918 年以後的數年間，中國社會出現大規模的爭議及討論，有人
　　稱之爲「新文化運動」，但也有學者認爲稱做「啓蒙運動」更爲恰
　　當。當時的重要學者蔡元培在 1918 年撰文說：「萬物並育而不相
　　害，道並行而不相悖，哲學之唯心論與唯物論；文學之崇實論與理
　　想派；經濟學之干涉論與放任論並列其中，此大學之所以爲大也。」
　　請問：

(E) 此處所說的「啓蒙運動」，除了又稱爲「新文化運動」以外，
　　通常又稱爲什麼運動？（2分）

(F) 蔡元培說「大學之所以爲大」的主要意義是什麼？
　　（本小題請用 10 個字以內的文字說明，且不可抄寫題幹，
　　否則皆不予計分。）（2分）

4. 1728 年，一位清廷官員向朝廷報告：
　資料一：「統計台灣一府，只有中間台灣府所屬的地區有夫妻、子
　　　　　女等社會關係，其他諸羅、彰化以上，一直到淡水、雞籠，
　　　　　統共婦女不及數百人。」
　資料二：這位官員因此認爲「數十萬無父母、妻子之人，並無相維
　　　　　繫之情，欲其無事也難矣。」
　因此，他建議政府應當採取一些必要的措施。請問：

(G) 造成第一段資料所述的情況，主要原因爲何？（2分）

(H) 第二段資料中「欲其無事也難矣」中的「事」是指什麼？
　　（2分）

(I) 清廷當時對這位官員的建議有何反應？（4分）

九十一年度指定科目考試歷史科試題詳解　

壹、單一選擇題

1. C

　　【解析】(C) 明、清二代中央不設宰相，改置內閣，以便皇帝獨
　　　　　　　　攬大權，達到君主專制的目的，故明清內閣制「雖
　　　　　　　　無相名，實有相職」等。

　　　　　　(D) 清初兵制可分爲八旗兵和綠營兵二大系統。

2. A

　　【解析】(A) 德國在二次大戰戰敗後，被英、法、美、俄四國分
　　　　　　　　區占領，後分裂成東德、西德，東德叫「德意志民
　　　　　　　　主共和國」，屬於共產集團，故可看到馬克思與列寧
　　　　　　　　的銅像；到 1990 年東西德合併成民主國家，故拆共
　　　　　　　　產黨時期銅像；1993 年「歐洲聯盟」成立，後來使
　　　　　　　　用「歐元」。

3. C

　　【解析】(C) 德國歌德名著「少年維特之煩惱」、「浮士德」；英
　　　　　　　　國拜倫的詩篇；法國大文豪雨果的「悲慘世界」、
　　　　　　　　「鐘樓怪人」等；波蘭民族音樂家蕭邦皆屬於十九
　　　　　　　　世紀浪漫主義代表人物。

4. B

　　【解析】(B) 唐代繪畫初以人物畫爲主，盛唐後以山水畫爲主，
　　　　　　　　唐代仕女佛道人物畫頗具盛名，如畫聖吳道子等爲
　　　　　　　　代表；宋代畫風擴大到竹石花鳥等，如宋徽宗改革
　　　　　　　　院畫等。

5. **A**

　【解析】　(A) 漢武帝確立「選舉」（察舉徵辟）制度，實行一段時間後弊端出現，名實不符，故有「舉秀才不知書，察孝廉父別居」的現象。

6. **B**

　【解析】　(B) 魏晉南北朝時期盛行門閥政治，南朝士族尤愛好玄學，生活奢靡腐化，反而寒士鑽研經學，培養能力，如梁武帝等大開寒士入仕之途。

7. **A**

　【解析】　(A) 歐洲中古盛行封建制度，貴族擁有大批土地，住在城堡裡，身分世襲，影響歐洲歷史深遠。

8. **B**

　【解析】　(B) 拿破崙失敗後，1815 年歐洲各國代表群集於奧國首都維也納，商紂解決歐洲當時面臨的問題，會議由奧相首都梅特涅操縱，會中根據正統與補償兩大原則，將拿破崙統治過的地區重新加以安排。

9. **A**

　【解析】　(A) 指明代的科舉考試中的「鄉試」。

10. **B**

　【解析】　(B) 明末滿清（女真人）崛起，先征服蒙古，對明朝威脅頗大，在明清戰爭中，朝鮮始終助明抗清，故滿州人要求朝鮮保持和平。

11. **C**
　　【解析】(C) 希特勒的納粹黨徒迫害猶太人，共黨分子及同性戀者，造成「大浩劫」，罪名共同點是這些人違反基督教義。

12. **A**
　　【解析】(A) 東周（春秋戰國）是中國史上第一次大變動的時代，社會流動變大，國君權力愈來愈大，兼併現象明顯，社會階層的分級變少。

13. **D**
　　【解析】(D) 這是甲骨文，商代沒有詞形式的作品出現，唐宋始有詞，故選 (D)。

14. **C**
　　【解析】(C) 1930 年代起，日本為配合南進政策，在台灣推動工業化政策，要發展鍊鋁及軍火工業，才發展電力，使台灣轉型為半農半工的社會。

15. **D**
　　【解析】(D) 達爾文「物種原始」主張「生物進化論」，提出「物競天擇、優勝劣敗、適者生存、弱肉強食、用進廢退」理論，他的學生赫胥黎等把其理論推展到人的社會，為社會達爾文主義成為帝國主義侵略弱小族群的藉口。

16. **C**
　　【解析】(A) 佛教王國。
　　　　　　(B) 華人約佔 70 %。
　　　　　　(D) 華人少。

17. **D**

　【解析】 (D) 十九世紀「非洲大獵」時，法國在非洲擁有最大殖民地，且橫跨非洲，不含南非與埃及（這二地是英國殖民地）。

18. **B**

　【解析】 甲、 印度等教尤其是佛教受釋迦牟尼影響參悟生死問題。

　　　　　乙、 猶太人創立猶太教確認神人關係，影響後世的基督教。

　　　　　丙、 古希臘人如蘇格拉底等哲人特重理性的探討。

　　　　　丁、 中國儒家特別強調人倫秩序，留下五倫觀念。

19. **B**

　【解析】 (B) 1820－1840 年是中國清道光年間，鴉片進口數是愈來愈多，不僅「銀漏」於外，國計民生日艱，且人心風俗日壞，才有林則徐禁鴉片煙，引起中英鴉片戰爭。

20. **A**

　【解析】 (A) 第二次世界大戰結束後，只有美國擁有原子彈，後聯俄急起直追，1949 年蘇聯成功製造原子彈，到後來蘇聯擁有核子彈頭數量早已超越美國。

21. **D**

　【解析】 (A) 強調均衡、節制，重視新油彩的應用，大量用透視原理。

　　　　　(B) 十六、十七世紀的巴洛克風格強調動感、大膽、用色渲染。

　　　　　(C) 著重光線與色彩在自然中的組合。

22. **D**

【解析】 (D) 歐洲中古時期宗教上是基督教世界，教堂成為人們生活的重心；經濟上屬於莊園經濟，大家住在城堡裡，城市須設防自衛，這與中國城市性質來比，幾乎完全不適用。

23. **B**

【解析】 (B) 由輪船的盛行，證明海運取代河運；再由津浦鐵路在清末通車，可知大運河運輸歷史的結束。

24. **C**

【解析】 (A) 紀傳體正史。

(B) 首部史學理論的書。

(C) 專講典章制度的書。

(D) 編年體史書。

25. **C**

【解析】 (C) 希特勒先與英法對立，後不願背腹受敵，暫時安撫蘇聯，才簽德蘇互不侵犯條約，還訂立瓜分波蘭的協定，德蘇互不侵犯條約的簽訂，是二次大戰歐戰爆發的信號。

26. **D**

【解析】 甲、 道家強調「與時遷移，應物變化」。

乙、 儒家強調正名分，特重「君臣上下之禮」。

丙、 墨家注重節用。

丁、 法家「嚴而少恩，重君臣上下之分」，強調統一規定。

27. **A**

【解析】 (A) 明末地理大發現後，中國人接受西班牙傳入墨西哥白銀等，明末到清代中國成為銀銅雙本位制。

28. **B**

【解析】 (B) 中共在早期與國民黨鬥爭階級，強調沒收地主土地分配給農民，成小農體制；民國 47 年起開始三面紅旗，推行人民公社，沒收一切財產，實施集體農場制；三面紅旗失敗後，鄧小平重回小農體制。

29. **D**

【解析】 (D) 清末自強運動時受魏源海國圖誌中「師夷長技以制夷」的影響，有人只想到船堅炮利，但恭親王奕訢想到知識學問，故主張設學校，學習西學。

30. **D**

【解析】 (A) 掌理回族家教事務的不是外國人。

(B)(C) 回教在明代已相當程度吸收中國文化，出現一批兼通伊斯蘭和儒學的「回儒」。

31. **C**

【解析】 (C) 清代鹿港頗為繁榮，有「一府二鹿三艋舺」之稱，可惜到二十世紀初因民風保守，拒絕縱貫公路通過，加上港口淤塞，昔日風華不再。

32. **C**

【解析】 (C) 工業革命後，中產階級愈來愈多，新興的工業都市改革呼聲愈大，政黨大多以改革社會弊端為號召，爭取選民的支持。

33. **C**

【解析】 (C) 一次大戰時日本占領山東青島等地，青島問題當屬議題之一。

34. **A**

【解析】 (B) 商朝時象在生活中未占重要地位。

(C) 商代以「玄鳥」為圖騰。

(D) 殷墟出土的遺物及動物遺骸，許多不是中原所產的，故難作此推論。

35. **D**

【解析】 (D) 西元 476 年西羅馬帝國亡於日耳曼民族，歐洲進入中古時代，成為基督教世界。

36. **C**

【解析】 (C) 工業革命早期的一些技術改革，主要是為了應付新的需求而產生的，如瓦特改良蒸汽機就是一例。

貳、多重選擇題

37. **AC**

【解析】 (B) (D) (E) 屬於社會福利範疇，公共電視、義務教育、全民健保均不是以謀利為目的。

38. **CDE**

【解析】 (A) 宋代書院講學宗旨做人重於求知，崇尚實踐。

(B) 宋代盛行庶民（通俗）文學，說書（說話）成為人們瞭解忠孝節義故事的主要來源。

39. **ABDE**

　　【解析】(C) 黑死病（鼠疫）使歐洲人口銳減，物價因而下跌，但勞動力缺乏，地主和工商業者需用較優厚的待遇才能招徠工人，工資因此上漲，政府不可能限制工資調漲。

40. **ADE**

　　【解析】(B) 資料二中提到「故紙堆的火焰」即講乾嘉考據學。
　　　　　　(C) 這些資料都是後人研究乾嘉學術做出的解釋，非原始史料。

參、非選擇題

1. 【解答】(A) 德國（德意志）。
　　　　　(B) 中日甲午戰爭（干涉還遼）。

2. 【解答】(C) 英國。
　　　　　(D) 波士頓茶葉黨事件→美國獨立革命。

3. 【解答】(E) 五四運動。
　　　　　(F) 自由學風、兼容並蓄（學術多元、學術自主）。

4. 【解答】(G) 清初不准攜眷來台。
　　　　　(H) 民變械鬥。
　　　　　(I) （雍正時）放寬移台限制，允許入台灣者搬移眷口（廢除單身男子渡台禁令）。

九十一學年度指定科目考試（歷史）

大考中心公佈答案

題　號	答　　案	題　號	答　　案
1	C	21	D
2	A	22	D
3	C	23	B
4	B	24	C
5	A	25	C
6	B	26	D
7	A	27	A
8	B	28	B
9	A	29	D
10	B	30	D
11	C	31	C
12	A	32	C
13	D	33	C
14	C	34	A
15	D	35	D
16	C	36	C
17	D	37	AC
18	B	38	CDE
19	B	39	ABDE
20	A	40	ADE

九十一學年度指定科目考試
各科成績標準一覽表

科　　　目	高　標	均　標	低　標
國　　文	52	43	33
英　　文	55	36	18
數學甲	62	45	27
數學乙	65	46	26
化　　學	55	35	16
物　　理	30	17	5
生　　物	58	42	26
歷　　史	61	47	33
地　　理	66	53	40

※ 以上三項標準係依各該科全體到考考生成績計算，且均取整數(小數只捨不入)，各標準計算方式如下：

高標：該科前百分之五十考生成績之平均。

均標：該科全體考生成績之平均。

低標：該科後百分之五十考生成績之平均。

心得筆記欄

歷屆指考歷史科試題詳解

主　　　編 / 李　曄
發 行 所 / 學習出版有限公司　　☎ (02) 2704-5525
郵 撥 帳 號 / 0512727-2 學習出版社帳戶
登 記 證 / 局版台業 2179 號
印 刷 所 / 裕強彩色印刷有限公司
台 北 門 市 / 台北市許昌街 10 號 2 F　☎ (02) 2331-4060
台灣總經銷 / 紅螞蟻圖書有限公司　☎ (02) 2795-3656
美國總經銷 / Evergreen Book Store　☎ (818) 2813622
本公司網址　www.learnbook.com.tw
電 子 郵 件　learnbook@learnbook.com.tw

售價：新台幣一百八十元正

2012 年 5 月 1 日初版